PONS

Gewusst wie!

Grammatik-Training
DEUTSCH 5. Klasse

Wer's versteht, lernt leichter.

von
Peter Hoffmann
Volker Losch

Ernst Klett Sprachen GmbH
Barcelona • Belgrad • Budapest • Ljubljana • London • Posen • Prag
Sofia • Stuttgart • Zagreb

PONS
Gewusst wie!
Grammatik-Training
DEUTSCH 5. Klasse

Wer's versteht, lernt leichter.

von
Peter Hoffmann
Volker Losch

Auflage A1 5 4 3 2 / 2011 2010 2009 2008

Redaktion: Elke Hufnagel
Logoentwurf: Erwin Poell, Heidelberg
Logoüberarbeitung: Sabine Redlin, Ludwigsburg
Illustrationen: Stefan Theurer, Eningen
Fotos: Seite 15: Gettyimages (PhotoDisc);
Seite 55: istockphoto.com/ korhan isik
Einbandgestaltung: Schmidt & Dupont
Titelfoto: Vlado Golub, Stuttgart
Layout: andrea grundmann kommunikationsgestaltung, Karlsruhe
Satz: Peter Renz, Stuttgart
Gesamtherstellung: Print Consult GmbH, München
Printed in Slovak Republic.
ISBN: 978-3-12-561378-2

Herzlich Willkommen!

Mit dem **PONS Gewusst wie! Grammatik-Training** hast du ein Übungsbuch, das dir hilft, wichtige Themen der deutschen Grammatik ganz gezielt zu üben und zu wiederholen.

Wie ist das Buch aufgebaut?

Jedes Thema beginnt auf der rechten Seite mit einer **Erklärung** der verschiedenen grammatischen Regeln. Wenn du umblätterst, findest du auf der nächsten Seite Aufgaben, mit denen du die Regeln üben kannst.

Wir haben mehrere grammatische Themen zu Übungseinheiten zusammengefasst. Jede Einheit endet mit einem **Test**, in dem du abschließend noch einmal prüfen kannst, ob du wirklich alle Regeln beherrschst.

Kontrolliere mit Hilfe der **Lösungen** am Ende des Buches deine Antworten selbst und korrigiere sie, wenn du einen Fehler gemacht hast.

Wie arbeitest du mit dem Buch?

Du kannst mit dem Buch auf unterschiedliche Weise arbeiten.

Du kannst die Themen in der vorgegebenen Reihenfolge durcharbeiten oder mit Hilfe des Inhaltsverzeichnisses einzelne Themen herausgreifen, die du gezielt wiederholen und üben möchtest.

Du kannst auch mit der **Bestandsaufnahme** beginnen. Vergleiche deine Antworten mit den Lösungen. Ist dir eine Frage besonders schwergefallen? Dann folge den Hinweisen im Lösungsteil und übe das entsprechende Thema. Und natürlich kannst du die Bestandsaufnahme während und zum Abschluss deiner Arbeit wiederholen. Dann siehst du, welche Fortschritte du gemacht hast.

Viel Spaß und viel Erfolg!

Inhaltsverzeichnis

I

Inhaltsverzeichnis

Bestandsaufnahme

1 Zu welcher Wortart gehört interessant?
- a) Nomen
- b) Adjektiv
- c) Verb

2 Welches Genus hat das Nomen Geburtstagsfest?
- a) Maskulinum
- b) Femininum
- c) Neutrum

3 Sie beantworten die Fragen. – In welchem Kasus steht das unterstrichene Nomen?
- a) Nominativ
- b) Dativ
- c) Akkusativ

4 Er spitzt seinen Bleistift. – Zu welcher Wortart gehört das unterstrichene Wort?
- a) Personalpronomen
- b) Unbestimmter Artikel
- c) Possessivpronomen

5 Um welche Verbform handelt es sich bei versprochen?
- a) Partizip Perfekt
- b) Imperativ Plural
- c) Infinitiv

6 Am 20. Juli 1969 betritt Neill Armstrong den Mond. – Welche Funktion hat das Präsens in diesem Satz?
- a) drückt die Gegenwart aus
- b) drückt aus, was immer so ist
- c) historisches Präsens

7 Morgen beginnen die Ferien. – In welchem Tempus steht dieser Satz?
- a) Futur
- b) Perfekt
- c) Präsens

8 Mit welchem Hilfsverb wird das Tempus Futur gebildet?
- a) werden
- b) haben
- c) sein

9 Zu welcher Art von Verben gehört lachen?
- a) schwache Verben
- b) starke Verben
- c) unregelmäßige Verben

10 Das hat Spaß gemacht. – In welchem Tempus steht dieser Satz?
- a) Plusquamperfekt
- b) Präteritum
- c) Perfekt

11 schöner – in welcher Steigerungsform steht dieses Adjektiv?
- a) Positiv
- b) Komparativ
- c) Superlativ

12 Zu welcher Wortart gehört oberhalb?
- a) Adjektiv
- b) Pronomen
- c) Präposition

13 Welcher Kasus folgt auf die Präposition wegen?
- a) Genitiv
- b) Dativ
- c) Akkusativ

14 Sie hat die Geschichte schön vorgelesen. – Welches Wort/welche Wortgruppe bildet das Prädikat dieses Satzes?
- a) hat
- b) hat ... vorgelesen
- c) hat ... schön vorgelesen

15 Welche Satzglieder muss ein Aussagesatz mindestens beinhalten?
- a) Prädikat und Objekt
- b) Objekt und Subjekt
- c) Subjekt und Prädikat

16 Den Gegnern ließ die Schulmannschaft keine Chance. – Welche Wortgruppe bildet das Subjekt dieses Satzes?
- a) den Gegnern
- b) die Schulmannschaft
- c) keine Chance

17 Sie freut sich auf den Schulausflug. – Um welche Art von Objekt handelt es sich?
- a) Genitivobjekt
- b) Akkusativobjekt
- c) Präpositionalobjekt

18 Beim entscheidenden Gegentor war sich der Torwart des Teams keines Fehlers bewusst. Welche Wortgruppe bildet das Genitivobjekt des Satzes?
- a) beim entscheidenden Gegentor
- b) des Teams
- c) keines Fehlers

Grammatikbegriffe

Adjektiv	Wie- oder Eigenschaftswort grün, schnell, gut
Akkusativ	4. Fall *(wen?)* das Haus
Akkusativobjekt	Satzglied (*wen* oder *was*?) Ich schenke dir *etwas*.
Artikel	Begleiter der, die, das / ein, eine, ein
Dativ	3. Fall *(wem / was?)* dem Haus
Dativobjekt	Satzglied *(wem?)* Ich schenke *dir* etwas.
Femininum	weiblich die Kuh, die Tasche
Futur	Zukunft du wirst schlafen, du wirst gehen
Genitiv	2. Fall *(wessen?)* des Hauses
Genitivobjekt	Satzglied *(wessen?)* Ich erinnere mich *deiner*.
Genus	Grammatisches Geschlecht der, die, das
Imperativ	Aufforderung, Befehlsform Lies! Helft!
Infinitiv	Grundform des Verbs laufen, versprechen
Kasus	Grammatischer Fall das Haus, des Hauses ...
Maskulinum	männlich der Hund, der Sturm
Neutrum	sächlich das Pferd, das Geld
Nomen (Substantiv)	Namenwort, Hauptwort Haus, Liebe, Gedanke
Nominativ	1. Fall *(wer / was?)* der Hund / das Haus
Numerus	Grammatische Zahlform das *Haus*, die *Häuser*
Objekt	Satzglied *(wen, wem / was?)* Sie bauen *ein Haus*.
Perfekt	Vergangenheitsform er hat gelacht, wir sind gegangen
Personalpronomen	Persönliche Fürwörter ich, du, er, sie, es, wir, ihr, sie
Plural	Mehrzahl die Bäume, die Hände, die Blätter
Plusquamperfekt	Vorvergangenheit er hatte gelacht, wir waren gerannt
Possessivpronomen	Besitzanzeigende Fürwörter mein, unser, dein, euer, sein, ihr
Prädikat	Satzglied *(was tut / geschieht ... ?)* Opa *liest* ein Buch.
Präposition	Verhältniswort in, auf, hinter, am, um
Präpositionalobjekt	Satzglied (z.B. *wonach*?) Ich strebe *nach dem Glück*.
Präsens	Gegenwart sie schläft, ich gehe
Präteritum	Vollendete Vergangenheit sie schlief, ich ging
Pronomen	Fürwörter, Stellvertreterwörter ich, du, er / mein, dein, sein
Singular	Einzahl der Baum, die Hand, das Blatt
Subjekt	Satzglied (*wer* oder *was?) Opa* liest das Buch.
Tempus/Tempora	Zeitform(en) des Verbs er wirft, er warf, er hat geworfen
Verb	Tätigkeits- oder Zeitwort laufen, versprechen

Verb, Nomen und Adjektiv

1

1 Finde heraus, wer in diesem Dialog spricht.
Trage deine Lösungen in die Lücken ein.

Der Erste: Wir sind die Wichtigsten, findest du nicht auch?
Der Zweite: Na klar, wer auch sonst. Schließlich schreibt man nur uns immer groß.
Der Dritte: Ach, gebt doch nicht immer so an, ihr großgeschriebenen Großmäuler!
Der Zweite: Wer bist denn du Zwerg?
Der Dritte: Ohne uns würde bei euch gar nichts abgehen, überhaupt nichts passieren.
Der Erste: Was heißt da „uns"? Wer gehört noch zu dir?
Der Dritte: Meine Landsleute eben, aus dem Land der ***Verben.*** Und wo kommt ihr her?
Der Erste: Wir sind aus dem Land der ________ . Ich heiße *Sport* und mein Kumpel *Spaß*. Und du?
Der Dritte: Ich heiße *machen*, aber meine Freunde sagen manchmal auch *macht* zu mir.
Der Zweite: Vielleicht können wir ja sogar etwas mit dir anfangen. Ja, lasst mich mal überlegen. – Ich hab's: Wir stellen uns mal hintereinander, mein Kumpel zuerst, dann du und dann ich. Schaut mal, was da rauskommt:

Sport macht Spaß.

Der Vierte: Das könnte euch wohl so passen, dass ihr euer Ding jetzt ohne mich macht. Aber ihr könntet mich gut brauchen.
Der Dritte: Wieso denn? Du siehst ja, dass wir drei super zusammengekommen sind.
Der Vierte: Mit mir würdest du die Typen aus dem Land der ________ aber viel besser, viel genauer kennen lernen.
Der Dritte: Wie meinst du das? Wo kommst du überhaupt her, und wie heißt du?
Der Vierte: Ich komme aus dem Land der ________ und heiße *groß*, kann mich aber gut an andere anpassen. Also, pass auf, ich zeige dir, wie ich das meine:

Sport macht großen Spaß.

Die ersten Wortarten hast du bereits in der Grundschule kennen gelernt. Hier sollst du dich einfach noch einmal an sie erinnern und sie erkennen können: Es handelt sich um
das **Verb** (Tätigkeits- oder Zeitwort),
das **Nomen** oder Substantiv (Namenwort) und
das **Adjektiv** (Wie- oder Eigenschaftswort).

Verb, Nomen und Adjektiv

2 Unterstreiche die Verben rot, die Nomen blau und die Adjektive grün. Bilde jeweils die Grundform und schreibe sie auf. Wörter, die häufiger vorkommen, musst du nur einmal aufführen.

Vorsichtig und leise schlich Lars um die Ecke des Hauses. Wohin war der Dieb gelaufen? Dieser Kerl hatte sein neues Kickboard geklaut, als er sich nur kurz in der Bäckerei eine leckere Süßigkeit gekauft hatte. Auf die hatte er jetzt freilich keine richtige Lust mehr. Außerdem wollte er sich das Kickboard auf jeden Fall zurückholen. – Da, er sah den Dieb zwischen zwei Autos auf die Straße laufen. Wie sollte er ihn nur erreichen? Und was sollte er tun, wenn er ihn dann eingeholt hätte?

Er schob die Bedenken beiseite und rannte los – direkt in die Arme von zwei Streifenpolizisten. Er holte tief Luft und sprach die beiden an: „Da ... da vorne läuft der Dieb." „Von wem sprichst du?", wollte der jüngere Polizist wissen. Lars antwortete aufgeregt: „Der da ... der da vorne, der gerade die Straße überquert." Der ältere Polizist versuchte ihn zu beruhigen: „Hol erst einmal ruhig Atem. Und dann erzählst du uns, was passiert ist und wen du meinst." Nach kurzer Zeit war Lars in der Lage, den Polizisten zu schildern, was vorgefallen war. So folgten sie Lars, der die Straße entlang rannte, bis er auf der Höhe des Diebes angekommen war. Dort trennten sich die beiden Polizisten, überquerten die Straße und näherten sich dem Dieb von zwei Seiten. Lars konnte das aufregende Schauspiel von seiner Straßenseite aus beobachten. Jetzt waren die Polizisten schon auf wenige Schritte dem Dieb nahe gekommen. Würden sie ihn nun ergreifen? Plötzlich sah Lars den Dieb nicht mehr. Wo war er bloß? Er konnte doch nicht einfach vom Erdboden verschwunden sein. Etwas hoffnungslos ließ Lars seinen Blick über die Straße schweifen. Würde sein schönes Gefährt für immer weg sein?

Da sah er die beiden Polizisten. Sie kamen ihm mit dem Dieb entgegen und schwenkten sein neues Kickboard in der Luft. Auf Lars' Gesicht machte sich ein zufriedenes Grinsen breit. Glücklich nahm er sein Board entgegen.

Verben: *schleichen, ...*

Nomen: *Ecke, Haus, ...*

Adjektive: *vorsichtig, leise, ...*

1 Setze die begonnene Dominoreihe fort und trage die vier Wörter in der richtigen Reihenfolge ein.

TIPP Denke zu den Nomen jeweils den Artikel/Begleiter hinzu.

Schlüssel Haus Ziel Fahrt

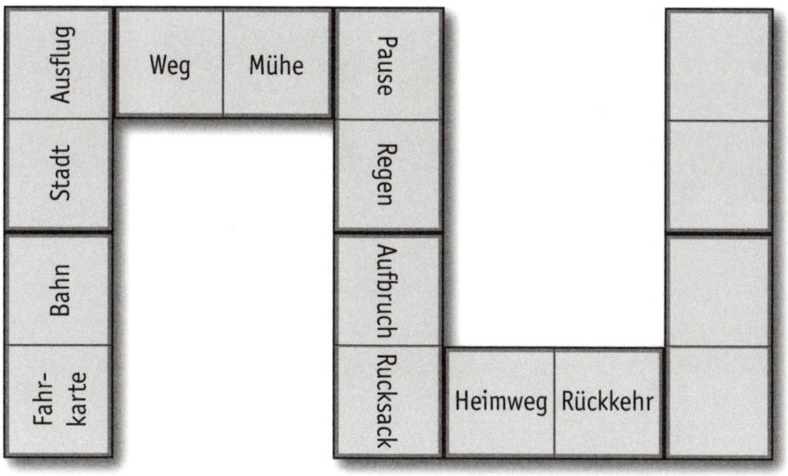

2 Notiere alle Nomen der Dominosteine. Zu welchem bestimmten Artikel (Begleiter) gehören sie?

der: ....

die: ....

das: ....

Der bestimmte Artikel eines Nomen im Singular (Einzahl) zeigt dessen **grammatisches Geschlecht** an; wir nennen es das **Genus**. Dabei unterscheiden wir **Maskulinum** (*der*), **Femininum** (*die*) und **Neutrum** (*das*). Das grammatische Geschlecht muss dem natürlichen nicht entsprechen (z.B. bezeichnet *das Mädchen* ja eine weibliche Person).

Genus

3 Beim Schulfest tritt auch Maxi Magix auf, der Zauberer aus der Klasse 5c. Vor lauter Lampenfieber hat er seine Utensilien durcheinander gebracht. Sortiere sie in die richtigen Koffer ein.

~~Seil~~ Tücher Streichhölzer ~~Becher~~

Bälle Zylinder Zauberstab ~~Münze~~ Spielkarten

Würfel Kerze Stofftiere Trillerpfeife

4 Umrande in diesem Buchstabenrechteck möglichst viele Nomen im Maskulinum (rot), im Femininum (blau) und im Neutrum (grün). (Nur waagerecht und senkrecht!)

A	A	R	M	I	E	I	Z	E	Z	Z	E	L	T	G	R
B	O	P	E	R	K	E	R	K	E	R	T	L	I	A	O
E	B	F	O	A	Z	U	H	R	L	O	S	S	D	T	S
N	U	A	S	S	T	E	C	H	L	N	P	T	O	R	E
D	A	N	K	E	S	B	X	M	E	M	O	I	L	I	R
G	I	N	I	N	A	B	G	M	I	E	U	O	K	C	T
E	H	E	A	H	O	E	N	A	S	E	S	E	C	K	E
R	L	A	U	F	B	Z	Q	R	O	R	J	P	P	N	I
S	N	R	A	D	E	W	A	K	Q	P	L	G	D	L	K
O	V	U	R	A	V	O	H	E	X	E	Y	A	V	J	L

Numerus

1 Lies das Gedicht und ergänze anschließend in der Tabelle die fehlenden Singular- oder Pluralformen.

Spaßvermehrung

Der Flughund flattert nicht alleine
gerne durch die dunkle Nacht.
Viel lieber hätte er wohl seine
beiden Freunde mitgebracht.
Dann könnt' er nicht nur Klaus erschrecken,
auch dessen Kumpels wären dran.
Mit Flügelschlagen könnten necken
sie mehr als einen Jungen dann.
So würden aus dem Spaß die Späße,
vermehren würden die den Spaß.
Und wenn die Eule davon läse,
erhöbe die auf sie das Glas.

Singular (Einzahl)	Plural (Mehrzahl)
Flughund	______________
Nacht	______________
______________	Freunde
______________	Kumpels
Eule	______________
Glas	______________

Nomen können im **Singular** (Einzahl) oder im **Plural** (Mehrzahl) vorkommen – nicht für jedes Nomen muss es beide Formen geben. Der Oberbegriff für diese beiden Formen heißt **Numerus**, er steht also für die grammatische Zahlform, bei der nur zwischen einem und mehreren unterschieden wird. Die **Pluralform** kann dabei **unterschiedlich angezeigt** werden: angehängtes *-e, -er, -s, -n, -en* (dabei können auch Umlaute vorkommen; z.B. der Baum – die B**ä**um**e**).
Bei manchen Nomen unterscheidet sich die Pluralform nicht von der Singularform (z.B. der Roller – die Roller).

Numerus

2 Im folgenden Text findest du vier Putzgeräte. Sie stehen im Singular. Setze sie in den Plural und ordne sie den Anweisungen für die Pluralbildung zu.

Party im Putzraum

Das Staubtuch wiegt sich sanft zur Musik. Der Besenstiel lehnt lässig an der Wand und schaut ihm zu. Das scharrende Geräusch kommt von der Schaufel, sie möchte endlich einen fetzigen Hit zum Tanzen haben. Der Staubsauger genießt die Stimmung und brummt gemütlich vor sich hin.

1. Angehängtes *-n*: ____________
2. Angehängtes *-e*: ____________
3. Gleiche Form wie im Singular: ____________
4. Umlaut (+ *-e* oder *-er*): ____________

3 Bilde die Pluralformen der angegebenen Nomen und formuliere darunter jeweils die entsprechende Anweisung für die Pluralbildung.

1. Wand
   Wände
   Umlaut + angehängtes -e
2. Geräusch
   ____
   ____
3. Hit
   ____
   ____
4. Stimmung
   ____
   ____
5. Lied
   ____
   ____
6. Putzraum
   ____
   ____
7. Party
   ____
   ____

4 Bestimme von allen Nomen den Numerus. Notiere in den Klammern hinter den Sätzen jeweils das Nomen und dessen Numerus.

1. Tim hört am liebsten laut Musik. (Musik, Singular)
2. Lisas Freundinnen tanzen gerne. (____________, ____________)
3. Heute ist der Eintritt frei. (____________, ____________)
4. Unterstufendiscos kommen gut an. (____________, ____________)
5. Viele wollen nur die neuesten Hits hören. (____________, ____________)

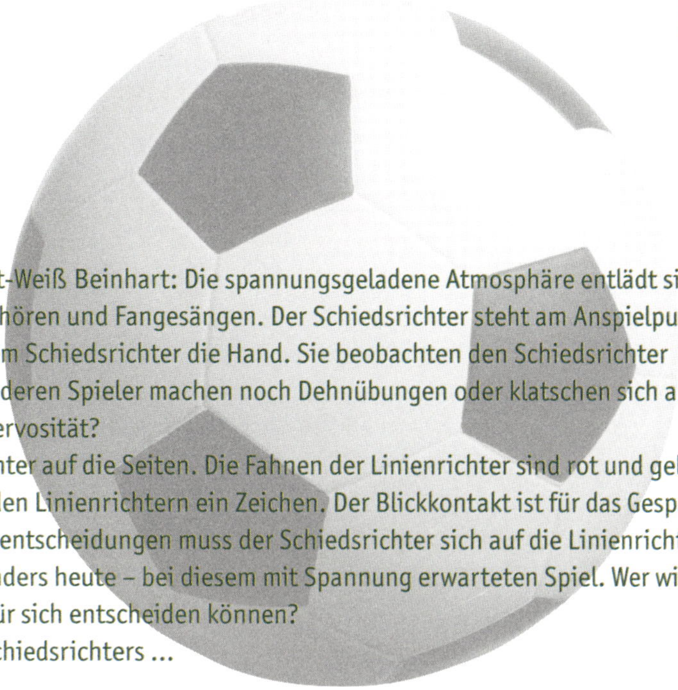

1

Kurz vor dem Anpfiff

FC Rübenacker gegen Rot-Weiß Beinhart: Die spannungsgeladene Atmosphäre entlädt sich immer wieder in Sprechchören und Fangesängen. Der Schiedsrichter steht am Anspielpunkt. Die Spielführer geben dem Schiedsrichter die Hand. Sie beobachten den Schiedsrichter bei der Platzwahl. Die anderen Spieler machen noch Dehnübungen oder klatschen sich ab. Bekämpfen sie so ihre Nervosität?
Nun gehen die Linienrichter auf die Seiten. Die Fahnen der Linienrichter sind rot und gelb. Der Schiedsrichter gibt den Linienrichtern ein Zeichen. Der Blickkontakt ist für das Gespann sehr wichtig. Bei Abseitsentscheidungen muss der Schiedsrichter sich auf die Linienrichter verlassen können. Besonders heute – bei diesem mit Spannung erwarteten Spiel. Wer wird wohl die Meisterschaft für sich entscheiden können?
Da ertönt der Pfiff des Schiedsrichters ...

1. Wer steht am Anspielpunkt?

   Der Schiedsrichter . (Nominativ)

2. Wem geben die Spielführer die Hand?

   ______________ . (Dativ)

3. Wen beobachten sie bei der Platzwahl?

   ______________ . (Akkusativ)

4. Wer geht auf die Seiten?

   ______________ . (Nominativ)

5. Wessen Fahnen sind rot und gelb?

   ______________ . (Genitiv)

6. Wem gibt der Schiedsrichter ein Zeichen?

   ______________ . (Dativ)

7. Auf wen muss er sich bei Abseitsentscheidungen verlassen können?

   ______________ . (Akkusativ)

8. Wessen Pfiff ertönt?

   ______________ . (Genitiv)

Nomen können in verschiedenen **Kasus** (Fällen) stehen. Du ermittelst den **Kasus**, indem du **nach dem Nomen fragst** (tu dabei immer so, als ob es sich um eine Person handelt). Wir unterscheiden folgende Kasus, die im Singular wie im Plural vorkommen können: **Nominativ** (*wer oder was?*) – **Genitiv** (*wessen?*) – **Dativ** (*wem oder was?*) – **Akkusativ** (*wen oder was?*). Wenn wir von einem Nomen die verschiedenen Kasus bilden, nennen wir das **deklinieren** (die **Deklination**).

Kasus

2 Lies diese kleine Geschichte und bestimme anschließend die Kasus der angegebenen Nomen.

Zwei angeberische Pferdezüchter prahlen. Der eine sagt: „Meine Pferde sind viel schöner als deine schwerfälligen Ackergäule." Darauf der andere: „Was soll das? Du kannst ja nur Beleidigungen aussprechen. Mein schnellstes Pferd schlägt deines auf jeden Fall um Längen." –
„Schnelle Pferde gibt es doch überall. Ich habe dafür den langsamsten Traber der ganzen Welt." Da lacht sein Kollege: „Das glaubst auch bloß du. In punkto Langsamkeit ist eines meiner Tiere bestimmt nicht zu schlagen. Diesem lahmen Gaul kannst du die Sporen geben, solange du willst." „Das wollen wir erst mal sehen!"

Hast du eine Idee, wie die beiden das „sehen" können? Wie kann man einen Wettkampf durchführen, bei dem das langsamere Pferd gewinnt? (Die Lösung findest du unten auf der Seite.)

Nomen	Kasus
1. Pferdezüchter	*Nominativ*
2. Ackergäule	____________
3. Beleidigungen	____________
4. Pferde	____________
5. Welt	____________
6. Tiere	____________
7. Gaul	____________
8. Sporen	____________
9. Idee	____________
10. Wettkampf	____________
11. Pferd	____________

Die Lösung des Rätsels:
Die Pferdezüchter reiten jeweils mit dem Pferd des Kollegen und versuchen es möglichst schnell ins Ziel zu bringen.

Bestimmter und unbestimmter Artikel

5

1 Finde im Gedicht die unbestimmten Artikel und ersetze sie durch bestimmte Artikel.

Hänsel und Krötel

Der Hänsel und die Krötel,
die gingen in einen Wald,
wo Krötel quakend nölte:
„Ja, kommen wir denn bald
zu einem geheimnisvollen
Knusperhexenhaus?
Oder schüttelt da Frau Holle
nur wieder Betten aus?“

Dem Hänsel wurd' zu blödel
die viele Fragerei,
ließ einfach steh'n die Krötel
und fühlt' sich wieder frei.

Unbestimmter Artikel	Bestimmter Artikel
a) ____________________	____________________
b) ____________________	____________________

Als Begleiter von Nomen können **Artikel** auftreten, wobei wir die **bestimmten** (*der, die, das*) und die **unbestimmten** Artikel (*ein, eine, ein*) unterscheiden. Wenn Nomen im Plural stehen, ist das Genus durch den bestimmten Artikel (immer: *die*) nicht mehr zu erkennen; einen unbestimmten Artikel gibt es im Plural nicht (Oder schüttelt da Frau Holle / nur wieder *Betten* aus?).
Die Artikel sind mit dem Nomen **dem jeweiligen Kasus anzupassen.**

Bestimmter und unbestimmter Artikel

2 Unterstreiche alle Nomen in dieser Geschichte. Bilde den Nominativ und trage ihn mit dem zugehörigen Artikel in die Tabelle ein.

Der elektrische Froschkönig

Eines spannungsgeladenen Morgens erwachte die elektrisch junge Prinzessin aus dem Elektroschockschlaf. Wie immer musste sie sich zuerst einmal an einem Akku aufladen. Dann gähnte sie, müde Kabelglieder von sich streckend, und schälte sich aus dem vibrierenden Bett. Sie setzte sich auf ein elektrisches Rollbrett und fuhr an den Oberleitungen entlang zu dem Raum des Elektroschlosses, in dem man die köstlichen Elektroleckereien zu sich nehmen konnte. Gesättigt von Chips und schmackhaften Batterien, lehnte sie sich zurück, lauschte den elektronischen Klängen einer E-Gitarre und versank in einen elektrisierenden Tagtraum: Auf Hochspannungsleitungen müsste der angesaust kommen, dem sie den Vorrang vor allen anderen gäbe, eine stromstarke Sehnsucht ergriff sie … aber was war das? Was war da auf den Leitungen? Saß da nicht etwas Grünes? War das etwa ein – Frosch? …

Ein Kurzschluss ließ sie zusammenzucken. Aber als bei ihr die Sicherungen wieder eingeschraubt waren, durchzuckte die Hirndrähte nochmals wie ein Blitz der Gedanke an etwas Glitschiges, Grünes …

Nominativ Singular bestimmt		Nominativ Singular unbestimmt	
der Froschkönig	______	ein Morgen	______
______	______	______	______
______	______	______	______
______	______	______	______
______	______	______	______
______			

Nominativ Plural bestimmt		Nominativ Plural unbestimmt	
die Oberleitungen	______	Kabelglieder	______
______	______	______	______
______	______		

1 Bestimme den Kasus der unterstrichenen Nomen in den folgenden Schüttelreimen.

1. Ganz plötzlich an dem Wiesenrand ______________
   traf ich auf eine Riesenwand. ______________

2. Die hochmoderne Rasenheizung ______________
   verursacht bei den Hasen Reizung. ______________
   ____

2 Bestimme im folgenden Satz jeweils den Kasus der unterstrichenen Nomen.

Die Nasen der Hasen sind gereizt.

Nasen: ______________ Hasen: ______________

3 Bestimme das Genus der Nomen in den Schüttelreimen.

1. Ganz plötzlich an dem Wiesenrand
   traf ich auf eine Riesenwand.

2. Die hochmoderne Rasenheizung
   verursacht bei den Hasen Reizung.

a. Wiesenrand: ______________
b. Riesenwand: ______________
c. Rasenheizung: ______________
d. Hasen: ______________
e. Reizung: ______________

4 Schreibe die beiden Schüttelreime ab und ersetze dabei jeweils bestimmte Artikel durch unbestimmte bzw. umgekehrt.

1. *Ganz plötzlich ...* ______________
   traf ... ______________

2. ______________
   ____

5 Welche Bezeichnung passt nicht in die Reihe? Streiche sie durch und begründe deine Entscheidung.

1. Singular – Artikel – Plural Begründung ____
2. Nomen – Verb – Genus – Artikel Begründung ____
3. Genitiv – Akkusativ – Adjektiv – Nominativ Begründung ____

Begründungen

a) Wortartbegriff, der aus den Kasusbezeichnungen herausfällt.

b) Fällt aus der Reihe der Wortartbezeichnungen heraus.

c) Begriff für eine Wortart zwischen zwei Numerusbezeichnungen.

6 Kreuze die richtige Aussage an.

- 1. Bei der Bestimmung des Genus eines Nomens kommt es auf den unbestimmten Artikel an.
- 2. Der bestimmte Artikel eines Nomens zeigt direkt dessen Genus an.
- 3. Zur Bestimmung des Genus eines Nomens muss der bestimmte Artikel im Singular herangezogen werden.

Personalpronomen

6

1 Versuche die folgenden Rätsel zu lösen. Für welche Nomen stehen die farbigen Wörter?

1. **Ich** bin äußerst stark, kann fliegen, ziehe in Telefonzellen meinen blauen Anzug und ein rotes Cape an. Kurz: ein männlicher Superheld. ______________________
2. **Du** bist ein fledermausiger Superheld, hast ein Batmobil, willst Gotham City von Ganoven rein halten und trägst vorzugsweise schwarz. ______________________
3. **Er** ist ein weltberühmter Zauberschüler, der eine Narbe auf der Stirn trägt. ______________________
4. **Sie** lebt zusammen mit Herrn Nilsson in einer kunterbunten Villa und ist so stark, dass sie ein Pferd hochheben kann. ______________________
5. **Es** ist ein Monster, wohnhaft in der Sesamstraße. Es vertilgt Kekse in rauen Mengen. ______________________
6. **Wir** sind ein gallisches Duo: ein starker Dicker und ein kluger Kleiner. Komm uns nicht in die Quere, wenn wir Zaubertrank dabei haben und du ein Römer oder ein Wildschwein bist. ______________________
7. **Ihr** seid eine schwarz maskierte Einbrecherbande, die es in Entenhausen immer wieder auf den Geldspeicher von Onkel Dagobert abgesehen hat. ______________________
8. **Sie** sind sehr klein, sehr blau, sehr weiß bemützt und leben in einem Pilzdorf. Ihr Chef trägt rot und wird Papa genannt, ihr größter Feind ist der Zauberer Gargamel. ______________________

Die Wörter, die stellvertretend für ein Nomen stehen, heißen **Pronomen**. Da sie *für* ganz bestimmte *Wörter* stehen, werden sie auch Fürwörter oder Stellvertreterwörter genannt: *ich, du, ihr, mein, dir, sie* usw. Sie sorgen zum einen für einen abwechslungsreicheren Text. Zum anderen stellen sie Beziehungen im Text her.
Vergleiche: Peter führt die Mischlingshündin von Peters Opa spazieren. Die Mischlingshündin von Peters Opa bereitet Peter viel Freude. – Peter führt die Mischlingshündin ***seines*** Opas spazieren. ***Sie*** bereitet ***ihm*** viel Freude.
Eine besondere Gruppe von Pronomen bilden die **Personalpronomen**, die persönlichen Fürwörter: *ich, du, er, sie, es, wir, ihr, sie*. Sie stehen für Personen, Tiere, Dinge und Pflanzen.

Personalpronomen

2 Setze in die folgenden Witze die korrekten Personalpronomen ein.

a) Die Lehrerin stellt eine Frage an Marina. _Sie_ antwortet: „Sie sind aber vergesslich. Gestern haben Sie mich doch schon dasselbe gefragt und ______ habe Ihnen gesagt, dass ______ es nicht weiß!"

b) Der Vater verspricht seinem Sohn: „Wenn ______ es schaffst, in die nächste Klasse zu kommen, machen ______ eine schöne Reise miteinander!" Der Sohn freut sich, gleichzeitig schränkt ______ vorsichtig ein: „Nun ja, lieber Papa, aber zu Hause könnten ______ uns doch auch wohl fühlen, oder?"

c) „Nun, Jan und Leo", fragt der Lehrer, „warum meint ______ wohl, habe ______ euch gestern kleine Schweinchen genannt?" Darauf antworten ______ wie aus einem Munde: „Weil ______ noch nicht so groß sind wie Sie, Herr Lehrer!"

3 In dem folgenden Text sind die Personalpronomen falsch ausgewählt. Streiche die falschen Personalpronomen und schreibe die korrekten darüber.

Anna, Bernd und Zoë gehen gemeinsam ins Schwimmbad. ~~Ihr~~ _Sie_ gehen immer in dieses Bad, er ist ihr Lieblingsschwimmbad mit tollem Wasser. Zudem treffen wir dort meistens auch noch weitere Freunde. Bernd ist immer am schnellsten umgezogen, deshalb ist sie auch der erste im Wasser. Es winkt ihnen kurz zu, taucht unter und stößt unter Wasser fast mit Frank zusammen. Sie geht in die gleiche Klasse wie Bernd, Anna und Zoë. „Wo hast ich deine Mädels gelassen?", ärgert sie ihn wie immer. „Kennst ihr ja, es suchen immer noch ein schönes Plätzchen", antwortet Bernd. „Na, du seid ja ein tolles Team! Wir würde niemals mit zwei Mädchen schwimmen gehen!", frotzelt Frank weiter. „Er bist doch nur neidisch, weil du schneller schwimmen können als ich!", kontert Bernd. Am Beckenrand tauchen auf einmal Anna und Zoë auf: „He, Bernd, kommst er bitte mal raus, meine Eltern haben uns Geld für Eis gegeben. Oh, hallo Frank, tut uns Leid, aber ich haben nur Geld für drei Eis!"

Possessivpronomen

1 Um welche „Sie" streitet sich die Familie? Sie kommt ganz zum Schluss selbst zu Wort. Trage dort ihren „Namen" ein.

Tochter: „Nein, das ist meine! Zu mir kommt sie immer sofort, wenn ich die Haustür öffne."
Sohn: „Nein, Mama, das ist nicht ihre, das ist meine! Wenn wir auf dem Sofa sitzen, liegt sie immer auf meinem Schoß."
Mutter: „Nein, mein Lieber, das ist weder deine noch ihre, das ist meine! Wenn ich sie auf dem Arm habe, schnurrt sie ganz genüsslich."
Vater: „Nein, meine Lieben, ihr täuscht euch alle drei. Das ist nicht eure, das ist meine! Sobald ich ihr Dosenfutter öffne und es in ihren Napf tue, läuft sie in die Küche und springt auf meinen Rücken!"
Oma: „Ich mache euch einen Vorschlag: Gehört sie nicht uns allen?"
________ : (in Gedanken): „Ich gehöre nur mir selber. Einer von euch sollte mal lieber mein Klo saubermachen!"

2 Mit welchen Wörtern machen die Mitglieder der Familie den anderen klar, wem „sie" gehört bzw. nicht gehört? Unterstreiche diese.

Wörter wie *mein, unser, dein, euer, sein, ihr* usw., die ein Besitzverhältnis (*mein* Buch) oder auch eine Zugehörigkeit (*meine* Klasse) oder Verbundenheit (*mein* Freund) ausdrücken, sind **Possessivpronomen: besitzanzeigende Pronomen.** Alle Possessivpronomen können dekliniert (gebeugt) werden und passen sich im Zusammenhang mit einem Nomen an dessen Numerus, Genus und Kasus an: Ich füttere *meinen Kater*. Ich füttere *deine Katzen*.

Kasus	Nomen im Singular	Nomen im Plural
Nominativ	meine Katze	meine Katzen
Genitiv	meiner Katze	meiner Katzen
Dativ	meiner Katze	meinen Katzen
Akkusativ	meine Katze	meine Katzen
Nominativ	unsere Katze	unsere Katzen
Genitiv	unserer Katze	unserer Katzen
Dativ	unserer Katze	unseren Katzen
Akkusativ	unsere Katze	unsere Katzen

Possessivpronomen

3 Setze die korrekten Possessivpronomen ein.

Mein Bruder sagt immer, er sei wie ________ Katze Julia! Sie ist elegant, sportlich und hat ________ eigenen Willen! So wie er, so denkt zumindest ________ Bruder. Julia frisst am liebsten Fisch und schläft sehr lange. Damit ähnelt ihr Verhalten dem ________ Bruders tatsächlich sehr. Allerdings ist ihm Fisch ein Graus. Ziemlich regelmäßig bringt Julia ________ Familie ein besonderes Geschenk mit nach Hause, denn sie fängt in ________ Revier doch die eine oder andere Maus. Diese liegt dann meistens nicht im Zimmer ________ Bruders, sondern natürlich in ________ . Klettern kann Julia sehr gut, während ________ Bruder doch eher das Runterfallen von Bäumen liegt. Dabei landet er nicht immer auf ________ Beinen, wie es ________ Katze stets gelingt. Ja, das ist ________ Bruder, genannt die Katze.

4 Schreibe den Satz noch einmal auf und ersetze dabei das Possessivpronomen anhand der Angaben.

1. Sie liebt **ihren** Hund (2. Person Plural). Sie liebt euren Hund.
2. **Meine** Laune verbessert sich. (1. Person Plural) ________.
3. Mich verärgert **dein** Verhalten. (2. Person Plural) ________.

5 Wähle die passenden Possessivpronomen aus und trage sie ein.

ihre deine euren ~~unser~~ meiner

1. Unser Plakat ist das beste.
2. Morgen sehe ich dich und ________ Freunde wieder.
3. Nach ________ Erfahrung wird es bald regnen.
4. Stundenlang föhnt sie sich ________ Haare.
5. Der Schulleiter will mit ________ Eltern telefonieren.

Fragewörter

8

1 Ein Polizist und sein Assistent werden wegen eines Ladendiebstahls in ein Einkaufszentrum gerufen. Der Assistent notiert alle Antworten der Bestohlenen. Als im Revier ein ausführlicher Bericht geschrieben werden soll, fällt dem Polizisten auf, dass sein Assistent keine einzige Frage mitgeschrieben hat. Kannst du ihm helfen? Wähle die zutreffenden Wörter aus und fülle die Lücken.

- **Wann?**
- **Wohin?**
- **Was?**
- **Wie?**
- **Wen?**
- **Wer?**
- **Wo?**
- **Wessen?**

1. .... ? Gegen halb zehn.
2. .... ? Meine gesamte Brieftasche.
3. .... ? Ein Mann mit einer Jeansjacke und einer roten Baseball-Kappe.
4. .... ? Hier zwischen den CD-Regalen ist es passiert.
5. .... ? Jemand rempelte mich an, entschuldigte sich kurz, und weg war sie.
6. .... ? Doofe Frage! Nicht ihre, meine Brieftasche natürlich!
7. .... ? Dieses junge Mädchen benenne ich als meine Zeugin.
8. .... ? Er flüchtete die Rolltreppe hinab und dann in Richtung Haupteingang.

2 Verbinde alle Fragewörter in der Reihenfolge, in der du sie eingesetzt hast.

Welchen Buchstaben ergeben sie? ....

Um von jemandem ausführlichere Informationen zu erhalten, stellt man so genannte **Ergänzungsfragen.** Sie werden mit den Fragewörtern *wann, was, wer, wo, wie, wohin, wen, wessen, warum, womit* u. a. eingeleitet und heißen, weil alle Fragewörter mit einem *W* beginnen, auch **W-Fragen.**

Fragewörter

3 In diesem Zoo befinden sich viele seltsame Tiere. Manche von ihnen gehören zur Gattung der Fragewortiere, da sie in ihrem Namen ein Fragewort tragen. Umkreise die Namen der Fragewortiere und markiere darin das jeweilige Fragewort.

Hartwessenkaiman Iowarumfisch Kimowohermelin
Großwüstenluchs Komodowarzenschwein
Gutwetterkröte Kosowozungenchamäleon
Riesenohrwannze Rottwemster Schwiegersohngarnele
Tiefseekwastinake Keinwunderschnecke Tiwohinwaran
Tüfpelschwertfisch Winselnasenbär

4 Finde zu den Fragewörtern jeweils die passenden Antworten.

~~Mit Wackersteinen füllen sie den Wolfsbauch.~~ Wer? Warum? Die rote Kappe ist ihr Erkennungszeichen. Was? Einen Korb mit Kuchen und einer Flasche Wein. Damit ich dich besser fressen kann. Wen? Welches? Den Wolf schneidet der Jäger auf. Wem? Er zieht sich das Nachthemd der Großmutter an. ~~Womit?~~ Rotkäppchen wird von der Mutter durch den Wald geschickt. Der kranken Großmutter bringt sie diese Leckereien. Wessen?

1. *Womit? Mit Wackersteinen füllen sie den Wolfsbauch* .
2. .
3. .
4. .
5. .
6. .
7. .
8. .

1 In den folgenden Wörtern haben sich Pronomen versteckt. Umkreise sie und trage die Wörter in die Tabelle ein (wie im Beispiel „Personalpronomen 3. Person Singular" vorgegeben). Bei einigen Wörtern sind mehrere Lösungen möglich.

Stichtag Duisburg Schlesien Lesen Gastwirt Teesieb
Verkehr Gemeinde Wandeinsturz Dasein Taifunserie Feuer

	Personalpronomen	Possessivpronomen
1. Person Singular	___	___
2. Person Singular	___	___
3. Person Singular	V-**er**-kehr	___
3. Person Singular	___	ihr
3. Person Singular	___	sein
1. Person Plural	___	___
2. Person Plural	Ihr	___
3. Person Plural	___	ihr

2 Setze das passende Possessivpronomen mit dem korrekten Kasus ein und bestimme diesen.

1. Das Fahrrad gehört mir:
   Ich fahre mit *meinem* Fahrrad. (*1. Person Singular, Dativ*)
2. Das Handy gehört Florian:
   Florian ärgert sich über das defekte Display ________ Handys. (________)
3. Die Pfadfinder machen ein Feuer:
   Der Regen löscht ________ Feuer. (________)
4. Hanna und mir gehört der Ball:
   Die Luft entweicht aus ________ Ball. (________)
5. Der Taschenrechner gehört dir:
   Für die Hausaufgaben leihe ich mir ________ Taschenrechner. (________)

Test 2

3 In den folgenden Texten sind einige Pronomen nicht richtig. Streiche sie durch und schreibe das jeweils richtige Pronomen darüber.

1. „~~Mir~~ *Meine* Eltern sind komisch!", beschwert sich Anne-Sophie bei seiner Freundin. „Erst haben sie mich mit viel Mühe das Sprechen beigebracht, und jetzt kann mir es endlich, und nun verbieten ihr mir dauernd den Mund!"
2. Lukas und Jan kommen aus der Schule nach Hause und erzählen euch Eltern: „Mir haben heute Sprengstoff hergestellt!" Die Eltern fragen besorgt: „Und was macht du morgen in euch Schule?" Darauf die beiden unschuldig: „In welcher Schule?"
3. Ein Zauberer ruft einen Jungen auf die Bühne: „Eure sehr verehrten Damen und Herren, dieser Junge und mich haben meines noch niemals zuvor irgendwo getroffen." Er gibt dem Jungen lächelnd die Hand und sagt: „Nicht wahr, dein Junge, er hast ihm noch niemals gesehen?" Der Junge: „Stimmt, Papa!"

4 Setze die richtigen Fragewörter ein.

1. ____________ beginnt deine Geburtstagsparty?
2. ____________ wird dich deine Fahrradtour führen?
3. ____________ wollte der Englischlehrer in der Pause von dir?
4. ____________ magst du in unserer Klasse am liebsten?
5. ____________ stellst du dir die unendlichen Weiten des Weltraumes vor?
6. ____________ Jacke hängt hier noch über dem Stuhl?
7. ____________ bitte finde ich die Toilette?
8. ____________ hat das Fenster mit dem Stein eingeworfen?
9. ____________ bist du heute nicht in die Schule gekommen?

Das Verb (Infinitiv und Personalform)

1 Unterstreiche im folgenden Gedicht die Verben.

Ferien

Am Morgen länger im Bett liegen,
Zum Strand gehen,
Die Sonne genießen,
Auf Wellen reiten,
Eis essen,
Keine Pflichten haben,
Mit den Wolken segeln,
Frei sein.

2 Die Verben in diesem Gedicht sind noch keiner Person zugeordnet. Sie stehen darum im Infinitiv. In den folgenden Zeilen beschreibt ein Kind dieselben Vorgänge aus seiner eigenen Sicht. Fülle die Lücken.

In den Ferien *liege* ich am Morgen länger im Bett. Wir *gehen* zum Strand und *genießen* die Sonne. Mein Bruder ________ auf den Wellen. Meine Mutter ________ ein Eis. Ich ________ keine Pflichten und ________ mit den Wolken: Ich ________ frei!

Nun sind die Verbformen an die Person(en) angepasst, die etwas tun oder erleben. Wir nennen sie daher Personalformen.

Verben drücken zumeist **Tätigkeiten** (z.B. lesen), **Vorgänge** (z.B. regnen) oder **Zustände** (z.B. liegen) aus. Ihre Grundform bezeichnen wir als **Infinitiv.** Wird die Tätigkeit, der Vorgang oder der Zustand einer bestimmten (grammatischen) Person zugeordnet, musst du das Verb in die entsprechende **Personalform** setzen.
Beispiele: ihr *lest* (2. Person Plural); es *regnet* (3. Person Singular); ich *liege* (1.Person Singular).

Das Verb (Infinitiv und Personalform)

3 Schreibe aus dem folgenden Text alle Infinitive heraus und bilde dazu in der angegebenen Weise eine Personalform.

Möchtest du nicht auch einmal ein Held sein?

In so vielen Geschichten und Filmen begegnen uns richtige Helden.
Wären wir nicht auch manchmal gerne selbst einer. Würden wir nicht auch gerne schwere Prüfungen bestehen, böse Mächte bekämpfen, in unerschlossene Gebiete aufbrechen, schwache Wesen aus den Fängen von Riesen oder Monstern befreien, zum Mars fliegen, von Klippen springen?
Oder wäre es auch schon heldenhaft, immer zu seiner Meinung zu stehen, Fehler zugeben zu können, Außenseitern oder Schwächeren zu helfen? Dann könnten auch wir mitunter als Helden gelten.

Verb im Infinitiv	Personalform
1. *sein*	ich *bin*
2. ______	er ______
3. ______	ihr ______
4. ______	du ______
5. ______	man ______
6. ______	wir ______
7. ______	ich ______
8. ______	sie ______
9. ______	du ______
10. ______	er ______
11. ______	es ______
12. ______	ihr ______

Auf Beutezug

Da – der Späher des Piratenschiffs klettert, so schnell es geht, vom Mastkorb herunter und sucht seinen Chef, den gefürchteten Piraten Hunhold. Atemlos weist er in die Richtung, aus der ein anderes Schiff auf sie zusteuert. Schon länger ist ihnen kein großer Fisch mehr ins Netz gegangen. Hoffentlich lohnt sich diesmal der Beutezug. Hunhold übernimmt sofort lautstark das Kommando: „**Hisst** die Segel! **Haltet** die Säbel bereit!" Seine dröhnende Stimme schallt über das gesamte Schiff. „Und wenn wir das Schiff geentert haben: **Haltet** euch an mein Kommando! **Unternehmt** nichts auf eigene Faust! Und vor allem: **Steckt** euch ja nichts in die eigene Tasche!" Leicht murrend, aber doch mit gieriger Vorfreude bereiten sich Hunholds Leute auf den Beutezug vor.
Die Besatzung des geenterten Schiffs leistet wenig Gegenwehr, und Hunholds Truppe beginnt mit dem Plündern. Hunhold selbst hat sich den Kapitän vorgeknöpft und herrscht ihn an: „**Zeig** mir, wo die Kostbarkeiten sind!" Er setzt dem eingeschüchterten Kapitän den Säbel an die Gurgel, und dieser führt ihn zur Schatztruhe. „**Schließ** die verdammte Truhe auf und **rück** den Schmuck raus!"

1 Als sie wieder auf ihrem Piratenschiff sind, weist Hunhold seine Leute an, gerecht zu teilen und die erbeuteten Kostbarkeiten gut zu verstauen. Fülle die Lücken in den Sprechblasen aus.

Willst du **Aufforderungen** oder **Befehle** zum Ausdruck bringen, benutzt du keine Personalform des Verbs, sondern den **Imperativ**. Je nachdem, ob du dich dabei an eine oder mehrere Personen wendest, verwendest du den **Imperativ Singular** oder den **Imperativ Plural.**
Beispiele: *Schließ* die Truhe auf! (Imperativ Singular) – *Hisst* die Segel! (Imperativ Plural)

Imperativ

2 Formuliere die Anweisung im folgenden Streichholzrätsel mit Imperativen. Wende dich mit der Anweisung an eine Person.

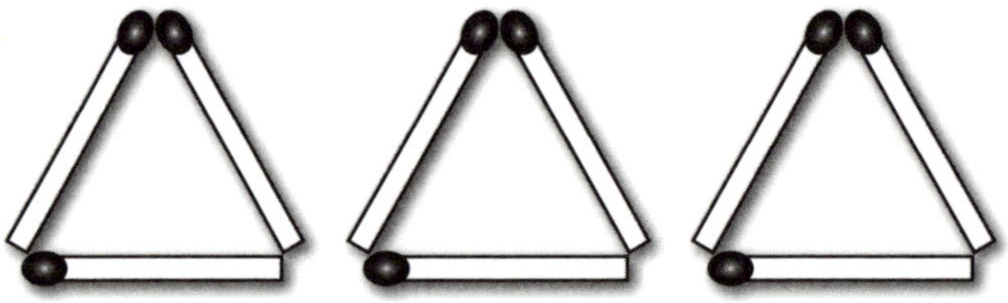

Man soll fünf Hölzer nehmen und sie so umlegen, dass drei Rauten entstehen.

Anweisung für eine Person: ______________________________

____

______________________________.

Die Auflösung des Rätsels findest du im Lösungsteil.

3 Unterstreiche im folgenden Text die Imperative Singular. Schreibe jeweils darüber den entsprechenden Imperativ Plural. Achtung: Du musst auch einige Pronomen ändern. Markiere sie rot und notiere darüber den richtigen Plural.

Zahlenmagie

Du schreibst die Zahl 9 auf ein Papier, faltest es zusammen, gibst es deinen Freunden. Dann sagst du ihnen:

Holt eurer

„Hol am besten einen Taschenrechner. Tippe die beiden letzten Ziffern deiner Telefonnummer als zweistellige Zahl ein. Addiere dazu deine Hausnummer. Ziehe die Zahl deiner Geschwister ab. Zähle deine Glückszahl dazu. Multipliziere das Ergebnis mit 18. Zähle alle Ziffern des bisherigen Ergebnisses zusammen. Wiederhole das, wenn das Ergebnis mehr als eine Ziffer hat. Verfahre so lange in dieser Weise, bis nur noch eine Ziffer übrig bleibt. Falte nun das Papier auseinander." –

Deine Freunde werden staunen, dass auf dem Papier das Ergebnis steht.

Tempora (Zeitstufen)

11

Wer spricht im folgenden Gedicht? Wer sind Mutter und Tochter?

Meine Mutter, meine Tochter und ich

Packst du mich, so bin ich weg,
Festhalten hat keinen Zweck.
Die mir folgt, ist gleich bereit,
sofort kommt schon ihre Zeit.
Meine Mutter fütt're ich
mit der Zeit, die grad verstrich.
Mir gehört der Augenblick,
ich bin dünn, die andern dick:
Mutters Anfang kenn ich nicht,
der Tochter End' ist nicht in Sicht.
Wer ich bin, ist dir das klar?
Wer mir folgt, wer vor mir war?

Du hast bestimmt schon erkannt, um wen es sich handelt: um die Gegenwart, die Vergangenheit und die Zukunft.

1 Von welchen dieser Zeitstufen ist in den angegebenen Versen des Gedichtes die Rede?

Vers 3 und 4: ______________________

Vers 5 und 6: ______________________

Vers 7 und 8: ______________________

In unserer Wahrnehmung von Vorgängen und Ereignissen unterscheiden wir grundsätzlich **drei Zeitstufen: Vergangenheit**, **Gegenwart** und **Zukunft**.
Sprachlich können wir diese Unterscheidung auf verschiedene Weise zum Ausdruck bringen – vor allem durch verschiedene **Zeitformen des Verbs** (die **Tempora**; Singular: das **Tempus**).
Du lernst sie in den folgenden Kapiteln kennen und unterscheiden.

Tempora (Zeitstufen)

2 Max hat Grippe. Er fühlt sich aber nicht nur unwohl, sondern ärgert sich auch unheimlich darüber, dass er nicht dabei sein kann, wenn heute die Vorführung eines Seiltänzers auf dem Marktplatz stattfindet. Zum Glück gibt es von diesem besonderen Ereignis wenigstens eine Live-Reportage im Radio:

> Der Seiltänzer betritt das Seil.
> Er tariert zunächst die Gleichgewichtsstange aus.
> Mit konzentriertem Blick macht er die ersten Schritte. Keinen Blick schenkt er der Zuschauermenge. Gespannte Stille macht sich breit. Jeder auf dem Marktplatz drückt ihm die Daumen ...

Lisa hat diesen tollen Auftritt des Seiltänzers miterlebt. Noch immer werden ihre Hände feucht, wenn sie daran denkt, dass dieser ungesichert so hoch über ihren Köpfen „spazieren" ging. Sie möchte unbedingt einen Bericht über diesen Auftritt in der Schülerzeitung bringen. Formuliere die Live-Reportage für Lisa in einen solchen Bericht um.

Der Seiltänzer betrat das Seil. ...

Felix aus der Nachbarstadt hat den Bericht in der Schülerzeitung gelesen. Nächste Woche wird der Seiltänzer bei ihnen auftreten. Er formuliert den Bericht in eine Ankündigung um.

Der Seiltänzer wird das Seil betreten. ...

Präsens

12

1 Markiere die Stellen, an denen der Verfasser der folgenden Erzählung die Zeitform (das Tempus) wechselt.

In den Sommerferien war ich mit meinen Freunden im Waldheim. Am letzten Abend gab es etwas Besonderes: Wir durften in Zelten übernachten. Nachdem wir am Lagerfeuer noch eine spannende Geschichte gehört und ein paar Lieder mehr gegrölt als gesungen hatten, sagte ein Betreuer: „Jetzt aber ab in die Falle!" Wir gingen, nur ein klein wenig murrend, in die Zelte, kuschelten uns in die Schlafsäcke und erzählten uns noch den einen oder anderen Witz, schliefen nach dem langen Tag aber doch bald ein.
Etwas später allerdings meinte ich, ein Geräusch zu vernehmen. Träumte ich, oder war da wirklich etwas? Da – schon wieder, es kam von draußen. Sollte ich nachschauen gehen oder einen meiner Freunde wecken? Erst mal den Kopf aus dem Zelt stecken, dachte ich mir. Da war das Geräusch schon wieder, aber nichts zu sehen. Es musste wohl von hinter dem Zelt, vielleicht aus dem Gebüsch kommen – wie unheimlich!
Ich nehme meinen ganzen Mut zusammen, krame meine Taschenlampe aus dem Rucksack und robbe aus dem Zelt. Da – erneut das seltsame Geräusch. Ich schleiche vorsichtig um das Zelt herum. Nur keinen unnötigen Lärm verursachen. Ich richte den Strahl der Taschenlampe auf das Gebüsch. Mein Herz schlägt mir bis zum Hals. Soll ich nicht lieber umkehren? Ich biege einen Ast zur Seite. Kommt es von da? Nein – da ist nichts zu sehen.
Plötzlich entdecke ich einen zweiten Lichtkegel ... Mein Freund Max! Er kommt mir entgegen und flüstert: „Psst, ganz still! Da watschelt eine Igelfamilie um unsere Zelte. Die Mutter voran, und drei Zwergigel tippeln hinterher. Stör sie nicht!"
Wie war ich froh, dass die unheimlichen nächtlichen Besucher nur kleine Igel waren, und ich tat so, als hätte ich nichts anderes als Igel erwartet.

2 Der Verfasser der Erzählung hat einen Abschnitt nicht in der Vergangenheitsform, sondern im Präsens geschrieben. Warum tut er das an dieser Stelle? Was möchte er bewirken? Unterstreiche das Lösungswort in der folgenden Erklärung.

Das Tempus **Präsens** drückt meistens aus, dass etwas in der Gegenwart geschieht, kann aber z.B. auch zur Spannungserzeugung verwendet werden. Wenn wir ein Verb im Präsens (oder in den anderen Tempora) in die verschiedenen Personalformen setzen, nennen wir das **konjugieren** (die **Konjugation**).

Präsens

3 Konjugiere das Verb *niesen* im Präsens:

niesen niest niest niese niest niesen

ich ______________ wir ______________

du ______________ ihr ______________

er/sie/es ______________ sie ______________

Verfahre ebenso mit *lesen*.

ich … ______________ ______________

______________ ______________

______________ ______________

4 Setze folgende Sätze ins Präsens.

1. Das Übernachten war sehr aufregend.

   Das Übernachten … ______________.

2. Es hat dennoch großen Spaß gemacht.

   ______________.

3. Ich hatte große Lust darauf gehabt.

   ______________.

4. Niemand wird das vergessen.

   ______________.

Funktionen des Präsens

13

1 Unterstreiche in den folgenden Sätzen alle Zeitangaben.

Rund ums Fahrrad

1. Im Jahr 1879 erfindet H. J. Lawson das Fahrrad mit Kettenantrieb.
2. Jedes Jahr im Sommer findet die Tour de France statt.
3. In den nächsten Ferien mache ich eine mehrtägige Fahrradtour.
4. Fahrräder mit Kettenschaltung haben keine Rücktrittbremse.
5. Ich sitze gerade eben zum ersten Mal auf meinem neuen Mountainbike.
6. Nachher baue ich mit meinem Freund an meinem Tandem weiter.
7. Als Vorstufe des Fahrrads wird schon im Jahr 1869 das Veloziped präsentiert.

Alle diese Sätze stehen im Präsens.
Das Präsens wird im Deutschen nicht nur verwendet, um ausdrücken, dass etwas gerade jetzt, also in der **Gegenwart**, passiert („gerade eben").
Es kann auch **Vergangenes** (**historisches Präsens**) ausdrücken („im Jahr 1879", „schon im Jahr 1869"). Genauso kann durch das Präsens **Zukünftiges** zum Ausdruck gebracht werden („in den nächsten Ferien", „nachher"). Beides wird, wie in den Beispielsätzen, zumeist durch eine Zeitangabe klargemacht.
Zudem verwenden wir das Präsens, wenn wir sagen wollen, dass etwas **immer,** also **grundsätzlich gilt** (wie der Zusammenhang Rücktrittbremse – Kettenschaltung) oder **immer wieder** so ist, **sich** also **wiederholt** („jedes Jahr").

2 Welche Zeitstufe wird mit dem Präsens ausgedrückt, wenn du im folgenden Satz die Zeitangabe *gerade* durch die Zeitangabe *morgen* ersetzt?

Ich sitze gerade zum ersten Mal auf meinem neuen Mountainbike.

____ .

3 Welche Zeitstufe wird mit dem Präsens ausgedrückt, wenn du im folgenden Satz die Zeitangabe *nachher* durch die Zeitangabe *im Moment* ersetzt?

Nachher baue ich mit meinem Freund an meinem Tandem weiter.

____ .

Funktionen des Präsens

4 In diesem Text wird das Präsens in zwei Bedeutungen verwendet. Finde heraus, um welche es sich handelt. Kreuze an und markiere die Sätze in der entsprechenden Farbe.

- gilt grundsätzlich
- Zukünftiges
- Vergangenes (historisches Präsens)
- Gegenwart

In unserem Sonnensystem gibt es neun Planeten. Sie tragen die Namen von antiken Göttern. Wir sagen, dass sie die Sonne umkreisen, obwohl wir wissen, dass sie sich nicht auf kreisförmigen, sondern elliptischen Bahnen bewegen. Dies beobachtet Johannes Kepler schon im frühen 17. Jahrhundert. Unser Sonnensystem ist nur eines von unzähligen. Außerdem befinden wir uns eher am Rand des Universums, das sich ständig ausdehnt.

5 Schreibe aus dem folgenden Text die Personalformen im Präsens heraus und gib die jeweilige Funktion des Präsens an.

Baron von Münchhausen ist einer der bekanntesten Lügner der Literatur. Immer wieder hat er überraschende und unglaubliche Geschichten parat. Heute liest du vielleicht, wie er sich am eigenen Schopf aus dem Sumpf gezogen oder sein Pferd an einer Kirchturmspitze angebunden hat. Morgen entdeckst du womöglich die Geschichte, die von seinem Ritt auf einer Kanonenkugel handelt. Seine Erzählungen bringen dich, wie die meisten Leser, sicher immer von Neuem zum Schmunzeln. Dabei wissen wir, dass er eigentlich gar kein Angeber war, sondern nur den einen oder anderen Prahlhans durch seine übertriebenen Geschichten auf den Arm nehmen wollte.

Personalform im Präsens	Funktion des Präsens
1. *er (Baron von Münchhausen) ist*	*gilt immer*
2. *er hat*	______
3. ______	______
4. ______	______
5. ______	______
6. ______	______
7. ______	______

1 Ergänze die Tabelle.

Verbform	Bestimmung der Verbform
1. *du läufst*	*2. Person Singular Präsens von „laufen“*
2. sie spielt	______
3. schreibt	______
4. ______	2. Person Plural Präsens von „sein“
5. ich gehe	______
6. ______	Imperativ Singular von „geben“
7. man liest	______
8. ______	3. Person Plural Präsens von „kommen“
9. wir singen	______
10. es regnet	______

2 Ordne diesen Sätzen mit Pfeilen jeweils die passende Funktion des Präsens zu.

1. Im Jahr 1492 entdeckt Kolumbus Amerika.
2. Amerika ist ein Kontinent.
3. Nächstes Jahr fliegen wir nach Amerika.
4. Der im November gewählte Präsident der USA tritt sein Amt im darauf folgenden Januar an.

Das Präsens drückt Zukünftiges aus.

Das Präsens drückt aus, was immer wieder so ist.

Das Präsens drückt aus, was immer so ist.

Das Präsens drückt Vergangenes aus (historisches Präsens).

Das Präsens drückt die Gegenwart aus.

Test 3

3 Welche Wirkung ist zumeist beabsichtigt, wenn von der gewöhnlichen Zeitform des Erzählens (Vergangenheit) in das Tempus Präsens gewechselt wird?

Meist soll damit ______________________ gesteigert werden.

4 Formuliere das Pfannkuchenrezept so um, dass der Leser sich direkt angesprochen fühlt.

250 g Mehl mit vier Eiern, 3/8 l Milch und einer Prise Salz zu einem glatten Teig verrühren; diesen 30 Minuten quellen lassen.
In der Pfanne etwas Butterschmalz erhitzen, den Pfannenboden dünn mit Teig bedecken und dabei die Pfanne so bewegen, dass der Teig gleichmäßig verlaufen kann. Zuerst die eine Seite goldgelb anbacken, dann den Pfannkuchen wenden und die andere Seite ebenfalls Farbe annehmen lassen.

Verrühre 250 g Mehl mit vier Eiern, ... ______________________

____

____

______________________.

5 Stelle dir vor, du willst am Schulfest mit deiner Klasse ein Pfannkuchenlokal aufmachen. Deine Mutter gibt euch noch folgende Tipps: Pfannkuchen zusammenrollen, sofort servieren oder warm stellen, Zucker, Apfelmus und Schokoladensoße bereitstellen. Formuliere diese Tipps in wörtlicher Rede.

„Rollt ... ______________________

____

______________________."

6 Schreibe aus dem Buchstabenwurm alle Infinitive und Imperative heraus.

abellegensitztunseidsuchentscheidetwaschenktobtsein

Infinitive: ______________________

Imperative: ______________________

____

1 Markiere im folgenden Text alle Personalformen rot und alle Infinitive grün.

Der Schulweg in hundert Jahren

Wie werden die Schüler in hundert Jahren wohl zur Schule gehen? Wird man sie auf motorisierten Skateboards herumsausen sehen? Werden sie mit einem Düsenrucksack heranschweben? Wird man sie mit Flugzeugen zur Schule bringen? Wird es statt Bürgersteigen Laufbänder geben? Oder werden die Eltern sie gar in die Schule beamen?

Da sich die Fragen mit zukünftigen Vorgängen beschäftigen, sind sie auch im Tempus Futur formuliert (z.B.: sie *werden gehen*).

Mit dem **Tempus Futur** kannst du auf **Zukünftiges** (zukünftige Ereignisse, Vorgänge, Zustände) verweisen.
Das Futur gehört zu den zusammengesetzten Tempusformen. Seine Bestandteile sind die **Personalform des Hilfsverbs** *werden* **im Präsens** (von dir oben im Text rot markiert) und der **Infinitiv** des Verbs, das den Vorgang oder Zustand bezeichnet (von dir oben im Text grün markiert).
Beispiel: Es *wird* (Personalform von *werden* im Präsens) *geben* (Infinitiv).

2 Auch der folgende zweite Teil des Textes bezieht sich auf Zukünftiges, ist allerdings im Präsens formuliert. Schreibe diesen Teil ab und ersetze dabei die Präsensformen durch Futurformen.

Vielleicht gehen aber die Schüler in hundert Jahren überhaupt nicht mehr in die Schule, sondern die Schule kommt sozusagen zu ihnen – zum Beispiel über das Internet. Dann ist es nicht mehr nötig, sich Gedanken über den Schulweg zu machen. Ob sich die Schüler wohl darüber freuen?

Vielleicht ...

____

____

_______________?

Futur

3 Schreibe in vollständigen Sätzen auf, wie die Kinder ihre Ferien verbringen werden.

1. Lisa (ans Meer fahren):

Lisa … ____.

2. Paul und Max (eine Fahrradtour machen):

Paul und … ____.

3. Simone (ins Waldheim gehen):

Simone … ____.

4. Anne und Bastian (zu Hause bleiben):

Anne und … ____.

5. Lukas (die Großeltern besuchen):

Lukas … ____.

4 Ins Haus der Zukunft kommst du durch zwei Türen (= zwei Tempora). Ordne die Tempusformen des folgenden Textes entsprechend zu, indem du sie auf die jeweilige Tür schreibst.

Wie wird das Haus der Zukunft wohl aussehen? Betritt man es noch durch Türen? Öffnet man noch Fenster, um zu lüften? Wird es direkte – vielleicht unterirdische – Verbindungen vom Kühlschrank zum Supermarkt geben, sodass man nicht mehr zum Einkaufen gehen wird? Oder bestehen zukünftig Häuser nur noch aus zwei oder drei Räumen, die man per Knopfdruck in einen anderen verwandelt – also zum Beispiel die Küche in ein Arbeitszimmer oder das Wohnzimmer in ein Badezimmer? Wird man im Haus der Zukunft mehr Spielmöglichkeiten für Kinder haben? Wird es noch Bücherregale oder nur noch Videoleinwände geben? Vielleicht wirst du ja einmal Architekt und stellst dir dann solche Fragen.

1 Anne hat die Aufgabe, für die Schülerzeitung einen Bericht über eine Nachtwanderung zu schreiben. Markiere die von ihr verwendeten Tempusformen.

Nachtwanderung im Schullandheim

Die Nachtwanderung war ein besonderer Höhepunkt im Schullandheim. Wir wurden völlig unerwartet nachts um ein Uhr von unserem Lehrer, Herrn Luchs, geweckt, um uns für eine Nachtwanderung fertig zu machen. Müde und nörgelnd krochen wir aus den Betten und zogen uns, nicht gerade sehr motiviert, an. Viele wunderten sich, dass wir für die angekündigte Nachtwanderung keine Taschenlampen mitnehmen durften. Wie sollten wir uns nur in der Dunkelheit zurechtfinden? Schließlich merkten wir jedoch, dass das viel besser war, weil sich die Augen an die Dunkelheit gewöhnten und wir uns mit der Zeit tatsächlich sehr gut orientieren konnten.

Nach den ersten mühsamen Metern machte sich bei den meisten langsam der Eindruck breit, dass so eine Nachtwanderung doch etwas Besonderes war. Auch den Wandermuffeln schien diese besondere Art der Wanderung schließlich nichts mehr auszumachen, und alle aßen nachts um vier Uhr zufrieden ihre Grillwürste. Herr Luchs las uns eine Gruselgeschichte vor, die in dieser Umgebung natürlich noch unheimlicher wirkte. Den tollen Sonnenaufgang erlebten dann allerdings nicht mehr alle mit, einige schliefen bereits am Lagerfeuer.

Die Zeitstufe **Vergangenheit** kann im Deutschen durch verschiedene Tempora zum Ausdruck gebracht werden. Vor allem bei **schriftlichen** Berichten oder Erzählungen verwendest du dabei das **Präteritum**: Sie *wunderten* sich, sie *waren* müde, sie *schliefen* bereits.

2 Setze im folgenden Schluss von Annes Bericht die angegebenen Verben im richtigen Tempus ein.

Schließlich ________________ (sehen) man die Sonnenscheibe vollständig am Horizont. Das Rot am Himmel ________________ (sein) ein faszinierendes Schauspiel der Natur. Herr Luchs ________________ (wecken) diejenigen, die noch ________________ (schlafen), und wir ________________ (machen) uns langsam wieder auf den Heimweg.

In unserem Haus angekommen, ________________ (sinken) die meisten nur noch müde und erschöpft in ihre Betten.

Präteritum

3 Ergänze die Tabelle.

Präsens	Präteritum	Grammatische Person
1. ihr kommt	____________	2. Person Plural
2. ____________	du warst	____________
3. ____________	ihr wolltet	____________
4. ich bleibe	____________	____________
5. ____________	wir fuhren	____________
6. sie spielen	____________	____________
7. es regnet	____________	____________

4 Markus hat in seinem Erlebnisaufsatz zwar durchgehend in der Vergangenheit erzählt, jedoch nicht das Präteritum verwendet, wie das beim schriftlichen Erzählen eigentlich gefordert ist. Berichtige den folgenden Ausschnitt aus seinem Aufsatz, indem du die zu ersetzenden Formen einklammerst und die richtigen an der entsprechenden Stelle darüber schreibst.

Als wir neulich mit der Klasse im Theater *waren* (gewesen sind) und gerade eine ganz ruhige und sehr spannende Szene gespielt worden ist, hat auf einmal ein Handy geklingelt. Die ganze Spannung ist wie weggeblasen gewesen, überall ist in Hosentaschen und Jacken gesucht worden, aber die Quelle des Klingeltons hat sich irgendwie nicht finden lassen. Unser Lehrer hat schon recht böse von einem Schüler zum anderen geschaut, aber keiner ist sich einer Schuld bewusst gewesen. Nach einer Ewigkeit, so ist es mir zumindest vorgekommen, hat mich Felix, der neben mir gesessen hat, mit dem Ellenbogen in die Seite gestoßen und mit dem Finger auf die Bühne gezeigt. Ganz im Hintergrund hat man da einen Schauspieler mit etwas in der Hand gesehen – eben mit einem Handy. „Da sind wir auf den Gag des Regisseurs ja ganz schön reingefallen“, habe ich Felix irgendwie erleichtert zugeflüstert.

Schwache, starke und unregelmäßige Verben

16

1 Wenn du den Präteritumautomaten mit Präsensformen fütterst, wandelt er sie in die entsprechenden Präteritumformen um und sortiert sie in die richtigen Fächer ein.

Finde die Präsensformen, die der Automat noch nicht umgewandelt hat, und sortiere sie richtig ein.

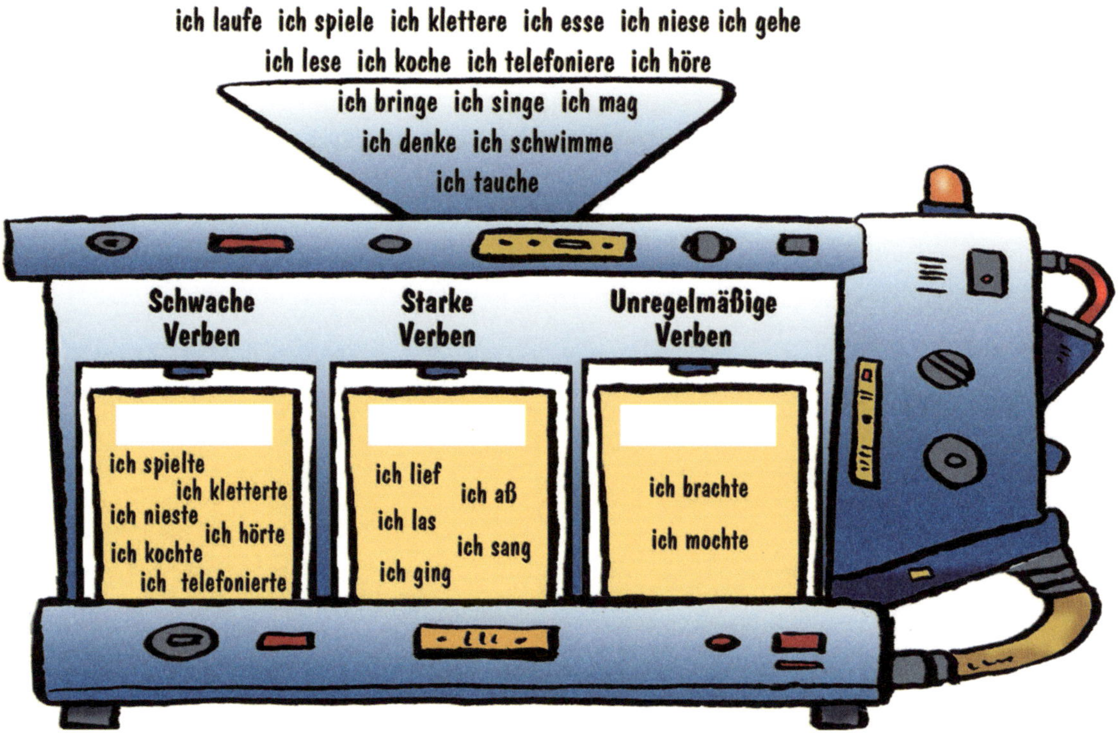

Bei der Bildung des Präteritums von Verben ist es wichtig, zwischen schwachen, starken und unregelmäßigen Verben zu unterscheiden.
Bei **schwachen Verben** wird der Präsensstamm im Präteritum einfach durch ein *t* ergänzt: ich *spiel–e* (Präsens) – ich *spiel**t**-e* (Präteritum).
Bei **starken Verben** ändert sich im Präteritum der Stammvokal: ich *lese* – ich *las*.
Bei **unregelmäßigen Verben** ändert sich (mindestens) der Stammvokal, die Ergänzung durch ein *t* bleibt jedoch meist wie bei schwachen Verben: ich *mag* – ich *mochte*. Die Hilfsverben *haben* und *sein* sind Sonderfälle der unregelmäßigen Verben.

Schwache, starke und unregelmäßige Verben

2 Bilde aus dem Buchstabensalat möglichst viele Verben im Infinitiv und sortiere nach schwachen und starken. Dabei kannst du jeden Buchstaben pro Verb nur so oft verwenden, wie er hier vorkommt.

ü a g u f s l n e r s e

Schwache Verben:

fassen ...

Starke Verben:

lassen ...

3 Finde die Verben und bilde ihren Infinitiv. Gib an, ob sie schwach, stark oder unregelmäßig sind.

1. Sie lieferten sich einen packenden Zweikampf.

Infinitiv: *liefern* (____________________).

2. Was dachte er sich nur bei dieser Auswechslung?

Infinitiv: ________________ (____________________).

3. Plötzlich trat er kräftig in die Pedale.

Infinitiv: ________________ (____________________).

4. Niemand konnte ihm folgen.

Infinitiv: ________________ (____________________).

1 Bilde folgende Verbformen.

1. Person Plural Präteritum von *laufen*: ____________________

2. Person Singular Futur von *haben*: ____________________

3. Person Plural Präsens von *zielen*: ____________________

3. Person Plural Präteritum von *jonglieren*: ____________________

3. Person Singular Futur von *sägen*: ____________________

Imperativ Plural von *lernen*: ____________________

3. Person Plural Futur von *tanzen*: ____________________

Imperativ Singular von *helfen*: ____________________

1. Person Singular Präteritum von *sein*: ____________________

2 Bestimme folgende Verbformen.

1. sie mochten: ____________________
2. er wird kommen: ____________________
3. schweigt: ____________________
4. es klappte: ____________________
5. ihr seid: ____________________
6. wir lachten: ____________________
7. sei: ____________________
8. du denkst: ____________________
9. man wollte: ____________________
10. ihr werdet staunen: ____________________
11. du warst: ____________________

Test 4

3

Der römische Feldherr und Politiker Caesar, den du vielleicht unter anderem aus einem Asterix-Band kennst, soll folgende Aussage gemacht haben:

Wandle den Satz in das jeweils angegebene Tempus um.

Präsens: ____!

Futur: ____!

4 Wie hätte der Satz gelautet, wenn er eine Aufforderung eines anderen an Caesar gewesen wäre?

____!

5 Und wie, wenn Caesar ihn als Aufforderung an seine Truppen geäußert hätte?

____!

6 Bilde aus den drei Personalformen des Originalsatzes jeweils den Infinitiv und gib an, ob es sich um ein schwaches, ein starkes oder ein unregelmäßiges Verb handelt.

ich kam: ____________________ ____________________

ich sah: ____________________ ____________________

ich siegte: ____________________ ____________________

7 Gib jeweils an, ob es sich um ein schwaches, ein starkes oder ein unregelmäßiges Verb handelt.

1. verlieren: ____________________ 4. bringen: ____________________

2. erlauben: ____________________ 5. ergeben: ____________________

3. riechen: ____________________ 6. nennen: ____________________

Wer erzählt hier von seinem Leben?

Du hast sicher schon herausgefunden, dass hier Till Eulenspiegel auf sein Leben und seine Taten zurückblickt. Er erzählt selbst und so lebendig, als ob wir ihm gegenüberstünden.

Neben dem Präteritum können wir auch das Tempus **Perfekt** verwenden, um **Vergangenes** zum Ausdruck zu bringen. Dies geschieht zumeist dann, wenn wir **mündlich** erzählen und uns **im Gespräch** auf die Vergangenheit beziehen.
Das Perfekt ist ein zusammengesetztes Tempus. Es wird gebildet mit der Personalform des **Hilfsverbs *haben*** oder ***sein*** im Präsens und dem **Partizip Perfekt** des Verbs.
Beispiele:

	Personalform (Hilfsverb)	Partizip Perfekt (Verb)
Till	hat	geärgert
Till	ist	gewesen

Das Partizip kann ohne oder mit Vorsilbe (*ge-*, erhaltene Vorsilbe oder beides kombiniert) gebildet sein. Beispiele: *informiert, gehört, verboten, vorgehalten.*

1 Füge die Verben in Klammern im Perfekt ein.

Ich ________ ein Wortewurstler und Worteverdreher ________________ (sein).

Ich ________ die Geldgier eines Spitalbesitzers ________________ (entlarven).

Perfekt

2 Bilde von diesen Verben jeweils das Partizip Perfekt und ordne es einer der vier Kategorien zu.

~~gratulieren~~ ~~stehlen~~ ~~ausruhen~~ ~~verstehen~~ erklären
kommentieren ärgern erzählen schreiben kapieren vortäuschen
unterjubeln unterbrechen klären einschlafen entlarven

1. Partizip ohne Vorsilbe:
   gratuliert, ...
2. Partizip mit Vorsilbe *ge-*:
   gestohlen, ...
3. Partizip mit erhaltener Vorsilbe (wie beim Infinitiv):
   verstanden, ...
4. Partizip mit erhaltener Vorsilbe und eingefügter Silbe *-ge-*:
   ausgeruht ...

3 Schreibe den folgenden Bericht so um, als würde der Versicherte mündlich von seinen Verletzungen berichten. Verwende das Perfekt.

Neulich brach ich mir bei der Gartenarbeit beide großen Zehen. Ich hatte mich beim Blumenschneiden geschnitten und ging zum Schuppen, um ein Pflaster zu holen. Vor dem Schuppen kam ich ins Stolpern, verlor das Gleichgewicht und fiel hin. Beim Aufstehen stieß ich mir den Kopf am Türrahmen des Schuppens. Etwas benommen taumelte ich zurück und trat dabei auf die Zinken des Rechens, sodass mir dessen Stiel gegen den Hinterkopf schlug. Ich packte den Rechen voll Zorn und schleuderte ihn gegen die Wand des Schuppens. Das löste den von meinem Sohn am Schuppen angebrachten Flaschenzug. Der mit Steinen gefüllte Eimer landete direkt auf meinem linken großen Zeh. Ich schrie vor Schmerz und trat voller Wut mit dem rechten Fuß gegen den Eimer ...

Neulich habe ich mir bei der Gartenarbeit beide großen Zehen gebrochen.
Ich ...

Plusquamperfekt

18

1 Wer spricht im folgenden Gedicht? ______________________.

Weiter zurück

Als ich einstmals heute war –
das war früher, das ist klar –,
lag in der Zukunft noch die Zeit,
die du nennst Vergangenheit.
So gibt es mich schon lang nicht mehr,
länger mindestens ist's her
als Perfekt und Präteritum:
Was *gewesen war*, ist drum
meine eigentliche Zeit,
die kam *VOR VERGANGENHEIT*.

Wenn du von vergangenen Ereignissen oder Entwicklungen sprichst und zum Ausdruck bringen willst, dass etwas noch vor jener Zeit stattgefunden hat, benutzt du – zumindest in der Schriftsprache – das **Plusquamperfekt** (*plusquam* ist ein lateinisches Wort und bedeutet „mehr als"; im wörtlichen Sinn heißt Plusquamperfekt also „mehr als Perfekt", d.h. mehr bzw. früher als die Vergangenheit, also **Vorvergangenheit**).
Das Plusquamperfekt ist wie das Perfekt eine zusammengesetzte Zeit. Auch hierzu benötigst du das **Partizip Perfekt**; das **Hilfsverb** *haben* oder *sein* steht hier allerdings **im Präteritum**.
Beispiele:
Du *warst* (Hilfsverb *sein* im Präteritum) *gelaufen* (Partizip Perfekt von *laufen*).
Sie *hatte* (Hilfsverb *haben* im Präteritum) *gelesen* (Partizip Perfekt von *lesen*).

2 Aus welchen Teilen bzw. Formen ist das Plusquamperfekt zusammengesetzt? Bestimme sie.

Es war ______________________ gewesen. ______________________

Plusquamperfekt

3 Der folgende Text ist im historischen Präsens verfasst. Schreibe ihn um, wie unten vorgegeben, und setzte ihn ins Plusquamperfekt.

Kolumbus erwirbt sich hervorragende Kenntnisse über Navigation und Geografie. Er stellt eigene Berechnungen an. Er berücksichtigt dabei die Kugelgestalt der Erde. Er ist sich sicher, einen kürzeren Weg nach Indien errechnet zu haben. Er reist zum spanischen Hof, um dort Unterstützung zu erhalten. Er rüstet drei Schiffe mit gut neunzig Mann aus. Er errechnet eine Fahrtdauer von etwa drei Wochen.

Bevor Kolumbus im Jahr 1492 nach Indien aufbrach und schließlich nach 36 Tagen in Amerika landete, hatte er einiges für die Vorbereitung der Reise getan.

Kolumbus hatte sich ... ______________________________

____

____

____

____

______________________________.

4 Gib in Klammern jeweils das Tempus an und wandle es ins Plusquamperfekt um.

1. er segelt (*Präsens*) *er war gesegelt*
2. sie werden landen (__________) __________
3. er erspäht (__________) __________
4. ich berechnete (__________) __________
5. ihr werdet sehen (__________) __________
6. wir haben gehofft (__________) __________
7. ihr seid gestrandet (__________) __________
8. du zweifeltest (__________) __________

1 Ergänze folgende Tabelle.

Infinitiv	Partizip Perfekt	Imperativ Singular	Imperativ Plural
1. lesen	gelesen	lies	lest
2. ________	geraten	________	________
3. ________	________	________	kommt
4. ________	________	hole	________
5. messen	________	________	________
6. ________	________	gib	________
7. ________	________	________	seid
8. gehen	________	________	________
9. ________	________	iss	________
10. ________	versucht	________	________

2 Wähle jeweils die richtige Erklärung aus.

Das Perfekt wird gebildet mit

- 1. dem Partizip Perfekt des Hilfsverbs (*haben/sein*) und der Personalform des Verbs im Präsens.
- 2. der Personalform des Hilfsverbs im Präsens (*haben/sein*) und dem Infinitiv des Verbs.
- 3. der Personalform des Hilfsverbs im Präsens (*haben/sein*) und dem Partizip Perfekt des Verbs.
- 4. der Personalform des Hilfsverbs im Präteritum (*haben/sein*) und dem Partizip Perfekt des Verbs.

Wir verwenden das Plusquamperfekt, wenn

- 1. etwas schon sehr lange her ist.
- 2. wir von der Vergangenheit aus weiter zurückblicken.
- 3. wir die Vergangenheit besonders stark hervorheben wollen.
- 4. wir schriftlich über Vergangenes berichten.

Test 5

3 Welches Tempus liegt jeweils vor? Setze die beiden kurzen Sätze in die vier anderen Tempora und benenne diese in Klammern.

1. Ich hatte mich geirrt. (______________________)
2. ______________________ (______________________)
3. ______________________ (______________________)
4. ______________________ (______________________)
5. ______________________ (______________________)

1. Wir brachen schnell auf. (______________________)
2. ______________________ (______________________)
3. ______________________ (______________________)
4. ______________________ (______________________)
5. ______________________ (______________________)

4 Ergänze.

Personalform	**Bestimmung der Personalform**
1. du hast gesteuert	2. Person Singular Perfekt (*steuern*)
2. er hatte befohlen	______________________
3. sie werden beweisen	______________________
4. ______________________	3. Person Plural Präteritum (*suchen*)
5. ihr hattet gehabt	______________________
6. ______________________	2. Person Plural Plusquamperfekt (*sein*)
7. wir sind gewesen	______________________
8. ich habe gemocht	______________________
9. ______________________	1. Person Plural Präteritum (*müssen*)

Adjektive

19

1 Jede der folgenden Wortgruppen beschreibt ein bestimmtes Gesichtsmerkmal. Welches? Ordne die folgenden Merkmale richtig zu.

Augen Nase Haar Mund

1. .... : braun – blond – lockig
2. .... : blau – dunkelbraun – rund
3. .... : groß – hakig – stupsig
4. .... : groß – rund – volle Lippen

2 Vervollständige die Beschreibung, indem du die markierten Wörter in der richtigen Form einsetzt

Das Mädchen hat .... Haar und .... Augen. Seine Nase ist etwas .... Sein .... Mund macht einen freundlichen Eindruck.

Adjektive beschreiben Lebewesen oder Dinge näher und weisen diesen Eigenschaften zu. Man nennt sie darum auch **Eigenschaftswörter** oder Wiewörter (das *braune* Haar). Auch Handlungen und Vorgänge können mit Hilfe von Adjektiven näher beschrieben werden (der *schnelle* Kauf). Zusammen mit dem Hilfsverb *sein* können sie auch das Prädikat eines Satzes darstellen (Das Haar *ist braun*.). Stehen Adjektive vor einem Nomen, werden sie nach den Kasus, Genus und Numerus gebeugt:

Nominativ	Genitiv	Dativ	Akkusativ
der kleine Mund	des kleinen Mundes	dem kleinen Mund	den kleinen Mund
die kleine Nase	der kleinen Nase	der kleinen Nase	die kleine Nase
das kleine Kinn	des kleinen Kinns	dem kleinen Kinn	das kleine Kinn

Adjektive werden auch benutzt, um Eigenschaften von Lebewesen oder Dingen miteinander zu vergleichen. In solchen Fällen kann man sie steigern:

Positiv	Komparativ	Superlativ
hell	heller	am hellsten
rund	runder	am rundesten
hart	härter	am härtesten

Adjektive

3 Finde die geeigneten Adjektive und setze sie in der richtigen Form ein.

falsch gleichmäßig grabesstill grausig alt
ordentlich langsam schnell vorsichtig

Ben und sein Freund Jan verlassen eine gruselige Halloween-Party und beschließen, die Abkürzung über den Friedhof zu nehmen. Leise und __________ (1) tasten sich die beiden Jungen Schritt für Schritt vor. Plötzlich, es ist __________ (2), hören sie ein seltsames Geräusch aus dem Dunkeln herüberwehen. Tock. Tock. Tock. Tock. Es klingt wie ein __________ (3) Klopfen. Sollten hier __________ (4) Geister vor Ort sein? Vor Angst zitternd, schleichen die beiden weiter und entdecken schließlich im fahlen Mondscheinlicht einen alten Mann, der mit Hammer und Meißel an einem __________ (5) Grabstein arbeitet. Jan fasst sich __________ (6) ein Herz und spricht den alten Mann an: „Alter Mann, Sie haben uns __________ (7) erschreckt. Wir glaubten schon, einen Geist bemerkt zu haben. Aber warum arbeiten Sie hier mitten in der Nacht?“ Der alte Mann wendet seinen Blick __________ (8) zu den Jungen und murmelt: „Diese Idioten“, dabei tippt er auf den Grabstein, „diese Idioten haben meinen Namen __________ (9) geschrieben!“

4 Vervollständige die Tabelle.

Positiv	Komparativ	Superlativ
1. lang	länger	am längsten
2. groß	__________	__________
3. __________	klüger	__________
4. schnell	__________	__________
5. __________	__________	am raschesten
6. __________	mutiger	__________
7. langsam	__________	__________
8. arm	__________	__________

Nominalisierungen (Verben und Adjektive)

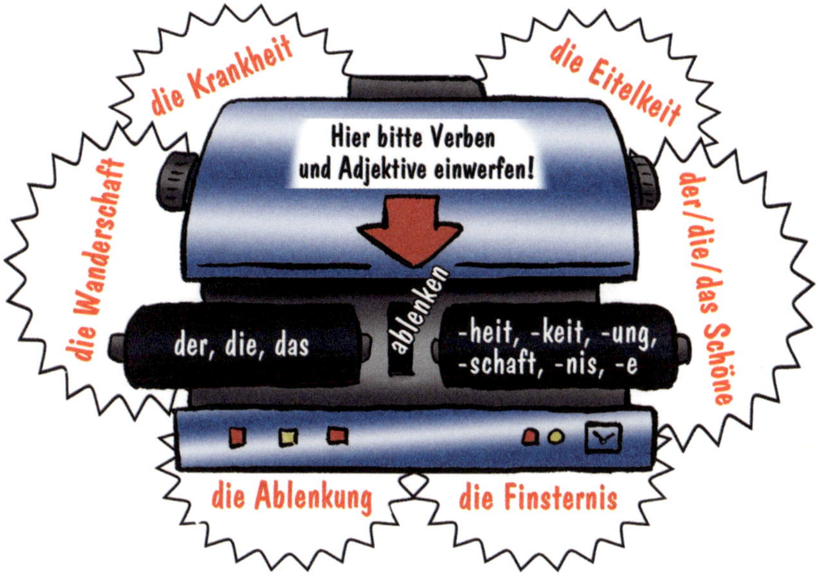

1 Von welchen Wortarten sind die Nomen abgeleitet, die die Nomenglücksmaschine produziert hat?

1. die Ablenkung	*ablenken*	*Verb*
2. die Krankheit		
3. die Eitelkeit		
4. die Wanderschaft		
5. die Finsternis		
6. der/die/das Schöne		

Adjektive und Verben können ihre Wortart verändern (**Konversion**), indem sie zum Beispiel mit verschiedenen Endungen (**Suffixen**) versehen und damit zu Nomen werden: Dies nennt man **Nominalisierung**. Häufige Suffixe und damit Kennzeichen von nominalisierten Adjektiven und Verben sind: *-heit, -keit, -ung, -schaft, -nis, -e*. Nach der Umwandlung in Nomen sind sie artikelfähig, und du schreibst sie natürlich groß: *die Ablenkung, die Finsternis*. Manche Verben und Adjektive benötigen zu einer Nominalisierung keine Endung: *das Laufen, das Grün* usw. Auch hier hilft dir die Überprüfung der Artikelfähigkeit: Ist das Wort fähig, einen Artikel vorangestellt zu bekommen? Dann handelt es sich um ein Nomen, und du schreibst es groß.

Nominalisierungen (Verben und Adjektive)

2 Hier siehst du Ergebnisse der Nomenglücksmaschine, die leider keine Gewinne sind. Korrigiere sie und bilde mit Hilfe der richtigen Endungen sinnvolle Nomen. Von welcher Wortart stammen die Nomen ab, von einem Verb oder von einem Adjektiv?

~~Schönung~~ Abkürzheit Ahnkeit Bekenntkeit
Freiung Gefangenung Hinterlassenheit
Höflichheit Möglichschaft Wagschaft

?
-heit
-keit
-ung
-schaft
-nis

Schönheit (Adjektiv), ...

3 Führe für die folgenden Infinitive die Artikelprobe durch. So entstehen je zwei Nominalisierungen ohne Suffixe.

1. fragen — *das Fragen* — *die Frage*
2. antworten
3. laufen
4. rufen
5. losen
6. küssen
7. werfen
8. schneiden

4 Zeige mit Hilfe der Artikelprobe, wie aus Adjektiven mit einem Suffix-*e* Nomen werden.

1. gut: *der Gute, die Gute, das Gute*
2. unbekannt:
3. fremd:
4. schön:

Präpositionen

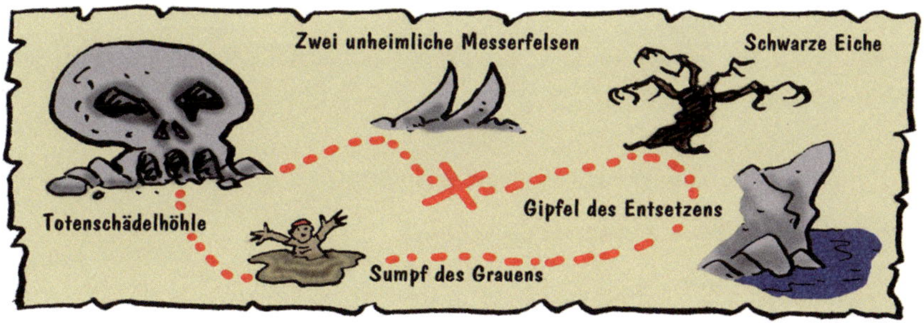

1 Piratenkapitän Hunhold hat nach längeren Raubzügen über die Weltmeere reichlich Gold und Silber erbeuten können. Jetzt ist er auf der Suche nach einem geeigneten Versteck für diese Schätze. Hilf ihm dabei und trage die folgenden Wörter in die Lücken ein.

zwischen in im auf hinter

1. Keiner würde den Schatz ______ den unheimlichen Messerfelsen vermuten.
2. Am sichersten ist er ______ der Totenschädelhöhle.
3. ______ Sumpf des Grauens findet ihn garantiert niemand.
4. ______ dem Gipfel des Entsetzens kann er niemals entdeckt werden.
5. Keine Menschenseele würde ______ der Schwarzen Eiche suchen.

Um ein bestimmtes Verhältnis im Raum anzugeben, verwendet man eine ganz bestimmte Wortart: die **Präposition (Verhältniswort)**: *in, auf, hinter, zwischen, neben, durch* usw. Präpositionen sind in der Regel mit Artikel und Nomen zu einem festen Block verbunden und bilden so ein **Präpositionalgefüge**: *Wo* (oder *wohin*)? In der Totenschädelhöhle, auf dem Gipfel des Entsetzens usw. Neben **räumlichen** können Präpositionen auch **zeitliche Verhältnisse** angeben. Du erfragst sie mit dem Fragewort *Wann?*.

2 Markiere die Präpositionen, die das zeitliche Verhältnis bestimmen (Wann?).

1. Der Schatz muss unbedingt vor Sonnenaufgang verborgen werden.
2. Nach Vollmond ist der beste Zeitpunkt des Versteckens.
3. Ich würde damit bis Wintereinbruch warten.
4. In drei Tagen sollten wir ihn versteckt haben.
5. Wir müssen um Mitternacht fertig sein.

Präpositionen

3 Beantworte die Fragen mit Hilfe des Präpositionalgefüges und markiere die Präposition.

1. Die Schatzinsel liegt an der Westseite des Wolfsmeeres.

Wo? An der Westseite des Wolfsmeeres .

2. Die Kanonen des Schiffes befinden sich unter Deck.

Wo? ______________________ .

3. Ab kommendem Samstag beginnt die Piratensaison.

Wann? ______________________ .

4. Frohen Mutes machte sich die Besatzung auf zum Kap der Guten Hoffnung.

Wohin? ______________________ .

5. Gegen 19.00 Uhr nimmt Käpt'n Hunhold gewöhnlich sein Abendessen ein.

Wann? ______________________ .

6. Der Käpt'n versteckt den mit Diamant besetzten Dolch in der Schatzkiste.

Wo? ______________________ .

7. Nach Westen treibt der Wind das Schiff immer schneller.

Wohin? ______________________ .

4 In dem folgenden Text sind falsche Präpositionen verwendet worden. Streiche Sie und schreibe die richtige Präposition darüber.

Warum tragen Piraten Augenklappen?

Da die Seeleute ~~auf~~ zur Orientierung mit dem Sextanten oft direkt zwischen die Sonne schauten, erblindete so auch mancher Pirat und schützte auf dieser Klappe tatsächlich sein geschädigtes Auge. Bis einem Schiff allerdings gibt es oft erhebliche Beleuchtungsunterschiede auf der Helligkeit zum praller Sonne neben Deck und der Dunkelheit nach Deck bis den Kajüten der Besatzung. Deshalb trugen viele Seeleute Klappen vom ihren Augen, damit sich das Auge – auch bis brenzliger Situation – schneller auf die Dunkelheit gewöhnen konnte.

Präpositionen und Kasus

22

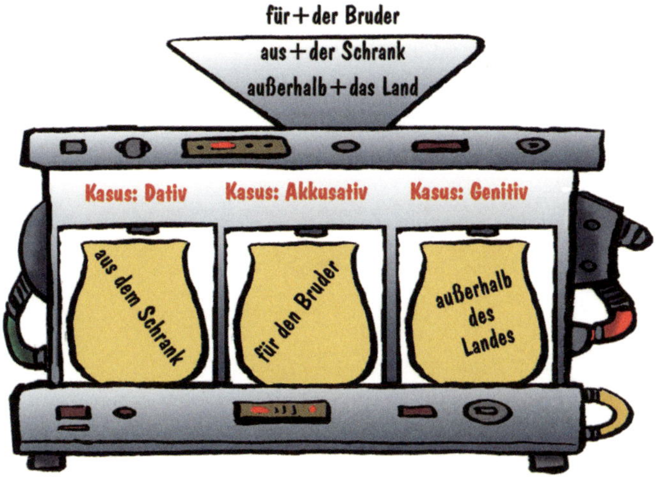

Präpositionen werden immer in Verbindung mit anderen Wörtern gebraucht. Dabei hängt es von der Präposition ab, in welchem Kasus das gesamte Präpositionalgefüge steht. Dies nennt man **Rektion**, d. h. jede Präposition **regiert einen Kasus**. So regieren die Präpositionen *durch* und *für* den Akkusativ (*durch den Wald* oder *für den Bruder*).
Dabei regieren manche Präpositionen nur einen Kasus, andere wiederum zwei. Die Präpositionen *außer* kann sogar den Akkusativ (*außer allen Zweifel* setzen), den Dativ (ich bin *außer mir*) und den Genitiv (*außer Landes* gehen) regieren.
Folgt der Präposition eine Lagebeschreibung (*Wo?*), regiert sie den Dativ, wird jedoch eine Ortsveränderung, Erstreckung oder Richtung gekennzeichnet (*Wohin?*), regiert sie den Akkusativ:
Sie lehnte sich an *die Mauer*. Wohin? An die Mauer (=Akkusativ).
Das Fahrrad steht an *der Mauer*. Wo? An der Mauer (=Dativ).

1 Lass die Rohbausteine von der Präpositionalgefügemaschine bearbeiten und trage die Ergebnisse richtig ein.

~~1. in + das Loch~~ 2. durch + der Fluss
3. wegen + der Regen 4. abseits + Feuer 5. für + die Männer
6. aus + die Wälder 7. auf + der Berg

1. *in dem Loch*

2. ______________ 5. ______________

3. ______________ 6. ______________

4. ______________ 7. ______________

Präpositionen und Kasus

2 Bilde mit den Angaben vollständige Sätze und bestimme den Kasus der Präpositionalgefüge.

1. packen / mein Schulranzen / am / ich / früher Morgen

   Ich packe meinen Schulranzen am frühen Morgen. (Dativ)

2. Durch / zuerst / schauen / ich / der ganze Raum

   ____

3. Die Schultasche / unfern / liegt / der Schreibtisch

   ____

4. Zwischen / die Wand / und / das Klavier / das Englischbuch / klemmt

   ____

5. Ich / das Haus / trotz / verlassen / das Suchen / rechtzeitig

   ____

3 Vervollständige die Präpositionalgefüge und bilde den richtigen Kasus. Dabei helfen dir die Fragen *Wohin?* und *Wo?*. Streiche das nicht zutreffende Fragewort und den falschen Kasus durch.

1. „Wo? (Dativ)" Oder ~~„Wohin?" (Akkusativ)~~:

   Der Teppich liegt auf dem Boden (der Boden).

2. „Wo?" (Dativ) oder „Wohin?" (Akkusativ):

   Sie legten den Teppich auf ______________ (der Boden).

3. „Wo?" (Dativ) oder „Wohin?" (Akkusativ):

   Er versteckt sich hinter ______________ (die Tür).

4. „Wo?" (Dativ) oder „Wohin?" (Akkusativ):

   Seine Blumen stellte er hinter ______________ (die Tür).

5. „Wo?" (Dativ) oder „Wohin?" (Akkusativ):

   Die Getränke bringt er in ______________ (der Keller).

6. „Wo?" (Dativ) oder „Wohin?" (Akkusativ):

   Die Getränke stehen in ______________ (der Keller).

1 Leo unterhält sich mit seinen beiden Freunden Max und Benedikt. Die beiden sind echte Angeber und versuchen stets, einander zu überbieten. Vervollständige die Sätze von Max und Benedikt.

1 Leo: „Mein Handy ist ganz schön klein!“

Max: „Mein Handy ist viel … ________________.“

Benedikt: „Mein Handy ist allerdings am … ________________.“

2. Leo: „Mein Fahrrad ist ganz schön schnell!“

Max: „________________.“

Benedikt: „________________.“

3. Leo: „Mein Schulweg ist ganz schön kurz!“

Max: „________________.“

Benedikt: „________________.“

4. Leo: „Mein MP3-Player klingt ganz schön gut!“

Max: ________________.“

Benedikt: „________________.“

5. Leo: „Mein Vater verdient ganz schön viel!“

Max: „________________.“

Benedikt: ________________.“

2 Nominalisiere mit Hilfe der Endungen *-heit, -keit, -ung, -schaft, -nis* die folgenden Verben und Adjektive. Achtung: Manchmal gibt es mehrere Möglichkeiten.

1. zeugen: ________________
2. schön: ________________
3. eitel: ________________
4. hinterlassen: ________________
5. billigen: ________________
6. faulen: ________________
7. rein: ________________
8. reinigen: ________________
9. befestigen: ________________
10. ewig: ________________
11. unendlich: ________________
12. gefangen: ________________
13. finster: ________________

Test 6

3 Kreuze die richtigen Erläuterungen an und markiere die Fehler in den falschen.

- 1. Präpositionen kennzeichnen Eigenschaften von Nomen.
- 2. Präpositionen können zeitliche und räumliche Verhältnisse angeben.
- 3. Präpositionen können immer mehrere Kasus regieren.
- 4. Präpositionen bilden mit Artikeln und Nomen niemals eine Einheit.
- 5. *Auf, unter, neben, bei* und *genau* sind Präpositionen.

4 Zeichne kleine Skizzen, die die folgenden Präpositionen veranschaulichen.

~~auf~~ unter neben durch gegen

5 Bilde mit den angegebenen Wörtern sinnvolle Sätze und ergänze eine schlüssige Präposition.

1. Kühlschrank / unser Käse / lagern

____.

2. Winter / wir / Schneemänner / bauen

____.

3. Mitternacht / die Geister / erwachen

____.

4. spazieren / wir / das Haus / herum

____.

5. die Wand / Eva / stürzen

____.

6. sieben Uhr / Sonne / aufgehen

____.

Satzarten

1 Ordne die Ziffern richtig zu und bestimme so die Satzarten.

Familiäres Frühstücksgespräch

Felix: „Oh nein, die Mathearbeit! (1) Hat jemand meinen Taschenrechner gesehen?“ (2)
Amelie: „Gib mir bitte mal die Milch! (3) Heute hat meine Freundin Mirja Geburtstag.“ (4)
Mutter: (*reicht die Milch*) „Was schenkst du ihr denn? (5) (*zu Markus*): Nimm den Taschenrechner aus meinem Arbeitszimmer!“ (6)
Vater: „Ich komme heute etwas später nach Hause. (7) Was für ein leckerer Kaffee!“ (8)

Aussagesatz	Aufforderungssatz	Fragesatz	Ausrufesatz
			1,

2 Umkreise in den Sätzen – sofern möglich – die Personalformen des Verbs.

Am Ende eines **Aussagesatzes** steht ein **Punkt (.)**, und die Personalform des Verbs steht an zweiter Stelle des Satzes.
Am Ende eines **Aufforderungssatzes** steht meistens ein **Ausrufezeichen (!)**, und die Personalform des Verbs steht an erster Stelle des Satzes.
Am Ende eines **Fragesatzes** steht ein **Fragezeichen (?)**. Beginnt die Frage mit einem Fragewort (*W-Wort*), steht die Personalform des Verbs an zweiter Stelle. Geht es um eine Entscheidungsfrage, die du mit *Ja* oder *Nein* beantwortest, steht die Personalform des Verbs an erster Stelle.
Am Ende eines **Ausrufesatzes** steht ein **Ausrufezeichen (!)**. Dieser Satz wird meist nicht ruhig geäußert, sondern eher lauter und aufgeregt. Häufig beginnt ein Ausrufesatz mit einem Fragewort (*W-Wort*), und die Personalform des Verbs fehlt.

3 Füge das passende Satzzeichen ein und bestimme die Satzart.

1. Wann kommt endlich der Schulbus ? (Fragesatz)
2. Was für ein Tag ___ (____________)
3. Hat es schon zum Unterricht geläutet ___ (____________)
4. Pfui Spinne, Mathe ___ (____________)
5. Jeden Montag haben wir Sport in den ersten beiden Stunden ___ (____________)
6. So ein Mistwetter ___ (____________)

Satzarten

4 Markiere die Wortgrenzen und schreibe dann den Satz mit richtiger Satzstellung auf. So findest du heraus, was die Schlange denkt und fühlt. Versieh die Sätze mit korrekten Satzzeichen und bestimme die Satzart.

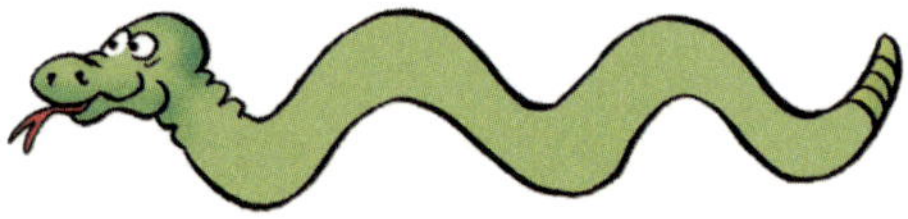

1. leckere/eine/für/maus/was Was für eine leckere Maus! (Ausrufesatz)
2. vielelispelnwarumschlangen ______
3. nichtbeineschlangenkönnenbeieinschlafen ______
4. andichgefälligststellhinten ______
5. giftiggiftisteigentlichwiemein ______
6. zungesprechemitichgespaltener ______
7. diegebissenmirhabeaufautschichzunge ______
8. klapperndeinemalhörenlass ______
9. immerschlechtenwarumsoeinenhabenatemschlangenbeschwörer ______

______

5 Lies den folgenden Witz. Trage dabei in die Lücken die richtigen Satzzeichen ein und bestimme die Satzart.

Im Zoo ist der letzte Gorilla gestorben ___ (Aussagesatz) Ein Sportstudent soll seine Rolle übernehmen ___ (______) Der Zoodirektor fragt: „Können Sie alles, was ein Gorilla kann ___" (______) Der Student: „Natürlich ___ (______) Geben Sie mir das Kostüm ___" (______) Der Student brüllt, klettert, hängt sich an ein Seil und schwingt hin und her ___ (______) Plötzlich rutscht er ab und landet im Löwenkäfig ___ (______) „Hilfe, Hilfe ___"(______), schreit der Student. Da flüstert ihm der Löwe zu: „Sei bloß ruhig ___ (______) Sonst sind wir beide unseren Job los ___."(______)

Satzglieder (Subjekt, Prädikat, Objekt)

24

Sätze bestehen aus Satzgliedern, die innerhalb eines Satzes eine unterschiedliche Funktion einnehmen. Jenes Satzglied, das in keinem vollständigen Satz fehlen darf, ist das **Prädikat**. Es wird auch als **Satzaussage** bezeichnet und ist immer ein Verb. Demnach beantwortet das Prädikat die Frage *Was tut jemand?* oder *Was geschieht?*: Was tut Opa? Opa **liest** (=Prädikat). Der zweite wichtige Baustein eines Satzes ist das **Subjekt**, welches auch **Satzgegenstand** genannt wird. Es beantwortet die Frage *Wer oder was tut etwas?*: Wer liest? Opa (=Subjekt). Prädikat und Subjekt bilden den **Satzkern**, der noch durch **Satzergänzungen** erweitert werden kann. Besonders häufig sind dies dann **Objekte**, die mit *Wem?* (Dativobjekt) oder *Wen oder was?* (Akkusativobjekt) erfragbar sind: Was hört Bettina? Musik (Akkusativobjekt). Daneben gibt es auch Objekte, die mit Präpositionen gebildet werden (**Präpositionalobjekte**). Du fragst nach ihnen z.B. mit *Auf wen?*, *Wonach?*, *Mit wem?*: Auf wen warten alle? Auf die Mutter (=Präpositionalobjekt).

1 Hilf der immer noch ratlosen Mutter am anderen Ende des Telefons und ergänze die Tabelle mit den folgenden Objekten: meinem Vater, das Essen, Musik, frischen Löwenzahn, die Zeitung.

Subjekt (Satzgegenstand)	**Prädikat (Satzaussage)**	**Objekt (Satzergänzung)**
1. Bettina	hört	______________. (Akkusativobjekt)
2. Opa	liest	______________. (Akkusativobjekt)
3. Papa	kocht	______________. (Akkusativobjekt)
4. Ich	helfe	______________. (Dativobjekt)
5. Die Hasen	fressen	______________. (Akkusativobjekt)

Satzglieder (Subjekt, Prädikat, Objekt)

2 Finde mit Hilfe der Prädikate die richtigen Subjekte und Objekte. Trage sie in die Tabelle ein.

Wer macht eigentlich was

Blumen ~~Urteile~~ Architektinnen Ärzte
Flugzeuge Gärtner Häuser Lehrer Menschen
Piloten Reporterinnen ~~Richter~~ Schüler Zeitungsartikel

Subjekt	Prädikat	Objekt	Subjekt	Prädikat	Objekt
1. *Richter*	fällen	*Urteile* .			
2. ________	planen	________ .	5. ________	heilen	________ .
3. ________	unterrichten	________ .	6. ________	fliegen	________ .
4. ________	verfassen	________ .	7. ________	pflanzen	________ .

3 Bestimme in den folgenden Sätzen Subjekt, Prädikat und Dativ- bzw. Akkusativobjekt. Schreibe deine Lösungen über die Sätze.

TIPP: Stelle die Satzgliedfragen: *Wer oder was?* (Subjekt), *Was tut jemand? Was geschieht?* (Prädikat), *Wen oder was?* (Akkusativobjekt), *Wem oder was?* (Dativobjekt).

________	*Prädikat*	________
1. Fahrrad	fährt	Fred.
________	________	________
2. Ich	besitze	einen MP3-Player.
________	________	________
3. Der Mutter	schreibt	der Vater.
________	________	________
4. Ich	helfe	dir.
________	________	________
5. Der Zauberer	verzaubert	Zauderer.

Satzglieder erkennen (Umstell- und Ersatzprobe)

25

1 Jonathan, Nicolai, Constantin und Marvin haben in ihrer Schule eine Geheimbande gegründet. Um sich schnell verabreden zu können, haben sie ein spezielles Geheimwörterbuch geschrieben. Hier der Anfang ihres Wörterbuches:

1 unsere 2 nach 3 einem 4 den 5 perfekten 6 schulnahen
7 durchsucht 8 Wald 9 Bande 0 Geheimversteck

Jonathan schickt in der großen Pause eine SMS an Nicolai. Sie hat die Zahlenkombination 1974682350 zum Inhalt. Nicolai entschlüsselt die SMS folgendermaßen:

Unsere Bande	durchsucht	den schulnahen Wald	nach einem perfekten Geheimversteck.
Subjekt	Prädikat	Objekt	Präpositionalobjekt

Nicolai sendet die Kombination 2350719468 weiter an Constantin, der sie so entschlüsselt:

Nach einem perfekten Geheimversteck	durchsucht	unsere Bande	den schulnahen Wald.
Präpositionalobjekt	Prädikat	Subjekt	Objekt

Constantin verschickt die Ziffern 4687192350 an Marvin. Wie lautet dieser Satz?

____

Objekt	Prädikat	Subjekt	Präpositionalobjekt

Die Satzglieder (Subjekt, Prädikat, Objekt) hast du bereits kennen gelernt. Hier siehst du nun, dass Satzglieder Begleiter haben und aus mehreren Wörtern bestehen können. Wenn du herausfinden möchtest, welche Wörter zu einem Satzglied gehören, machst du am besten die **Umstellprobe**. Verschiebe einfach die Wörter im Satz. Achte darauf, dass sich dabei die Wörter in ihrer Form nicht verändern und der Satz vollständig und sinnvoll bleibt. Alle Wörter, die bei dieser Umstellung immer zusammenbleiben, bilden ein Satzglied: *unsere Bande* (=Subjekt), *den schulnahen Wald* (=Objekt). Zudem kannst du mit der Umstellprobe auch ein bestimmtes Satzglied stärker betonen, indem du es zum Beispiel an den Satzanfang oder das Satzende setzt.
Eine weitere Methode, Satzglieder zu erkennen, ist die **Ersatzprobe**. Damit lassen sich größere Satzglieder z. B. durch Pronomen oder Adverbien ersetzen und so anschaulich verkürzen.

2 Hier wurden die Satzglieder durch Ersetzungen verkürzt. Bestimme die Satzglieder.

Unsere Bande	durchsucht	den schulnahen Wald	nach einem perfekten Geheimversteck.
Sie	durchsucht	ihn	danach.
________	*Prädikat*	________	________

Satzglieder erkennen (Umstell- und Ersatzprobe)

3 Welche Wörter gehören in den folgenden Sätzen zusammen und bilden ein Satzglied? Wende die Umstellprobe an. Umkreise alle Wörter, die bei der Umstellung zusammenbleiben und verbinde sie mit den angegebenen Satzgliedfunktionen.

Akkusativobjekt – Prädikat – Subjekt - Präpositionalobjekt

a) Das Geheimversteck verbirgt den Agenten vor feindlichen Spionen.

Umstellproben

Den Agenten ... ______________________________.

Vor feindlichen Spionen ... ______________________________.

Objekt – Subjekt – Prädikat – Präpositionalobjekt

b) Meine tolle neue Minikamera schießt wichtige Beweisfotos für mich.

Umstellproben

Für mich ... ______________________________.

Wichtige Beweisfotos ... ______________________________.

4 In diesem Satz wurden die Satzglieder ersetzt und verkürzt. Umrahme die vollständigen Satzglieder.

Der schwarze Kugelschreiber	enthielt	einen schussbereiten Giftpfeil.
Er	enthielt	ihn.
Subjekt	Prädikat	Objekt

5 Durch welche Wörter können die farbig markierten Satzglieder ersetzt werden? Wähle die geeigneten Wörter aus und bestimme die Funktion der Satzglieder: *er, dabei, deshalb, welcher, ihm, sie.*

Die stark vergrößernde Lupe	hilft	dem Agenten	bei der oft aufwändigen Spurensuche.
______	hilft	______	______.
______	______	______	______.

1 Kreuze die richtigen Definitionen der Satzarten an. Markiere in den falschen den Fehler.

- 1. Am Ende eines Aussagesatzes steht ein Punkt (.), und die Personalform des Verbs steht an zweiter Stelle des Satzes.
- 2. Am Ende eines Aufforderungssatzes steht meistens ein Ausrufezeichen (!), und die Personalform des Verbs steht an letzter Stelle des Satzes.
- 3. Am Ende eines Fragesatzes steht ein Fragezeichen (?). Beginnt die Frage mit einem Fragewort (W-Wort), steht die Personalform des Verbs an zweiter Stelle.
- 4. Geht es in einem Fragesatz um eine Entscheidungsfrage, die mit „Ja" oder „Nein" beantwortet wird, steht die Personalform des Verbs an zweiter Stelle.
- 5. Am Ende eines Ausrufesatzes steht ein Ausrufezeichen (!). Die Personalform des Verbs steht immer an erster Stelle.

2 Bestimme die folgenden Satzarten.

1. Schon wieder so viele Hausaufgaben! ______
2. Schick mir das doch in einer E-Mail! ______
3. Hast du die Matheaufgaben verstanden? ______
4. In der dritten Stunde schreiben wir die Klassenarbeit. ______
5. Dürfen wir in der Mathearbeit einen Taschenrechner benutzen? ______
6. Achtung, der Schulleiter! ______
7. Gib mir bitte mal dein Lineal! ______

3 Die Tabellenzeilen sind durcheinander geraten. Markiere die korrekten Zusammenstellungen rot, blau und grün.

Das Prädikat	Satzergänzungen	*Wem?* oder *Wen oder was?*
Das Subjekt	Satzaussage	*Was tut jemand?*
Dativ- und Akkusativobjekte	Satzgegenstand	*Wer oder was tut etwas?*

4 Führe die Umstellprobe durch und bestimme die Satzglieder.

Den Postboten beißt der Hund. *Der Hund ...* ______.

Der Briefkasten schluckt den Brief. ______.

Test 7

5 Führe die Umstellprobe durch und bestimme die Satzglieder.

1. Den Brief öffnet der Empfänger.

Ihn ... ______

2. Der Briefinhalt erfreut den Empfänger.

______

6 Formuliere die vollständige Satzgliedfrage zu den markierten Satzgliedern und bestimme sie.

1 **Ich** fotografiere meine Klasse.

Wer fotografiert meine Klasse? Ich (= Subjekt).

2. Bettina und Maria folgen **Ivan und Malina**.

______? Ivan und Malina (= ______).

3. **Einen Brief** schreiben die Schüler.

______? Einen Brief (= ______).

4. **Die Vogelscheuche** vertreibt die Vögel.

______? Die Vogelscheuche (= ______).

7 Bestimme die Satzglieder der folgenden Sätze. Schreibe deine Lösungen über die Sätze.

Subjekt	______	______
1. Vater und Mutter	rufen	Sohn und Tochter.
______	______	______
2. Sie	entdecken	ihre Weihnachtsgeschenke.
______	______	______
3. Ein Handy	erhält	die Tochter.
______	______	______
4. Der Sohn	bekommt	einen Fußball.
______	______	______
5. Den Eltern	danken	die Geschwister.

Prädikat

1 Der Jubiläumszug gefällt dem Festkomitee in dieser Zusammenstellung noch nicht. Die Waggons sollen in anderen Zusammenstellungen vorgefahren werden. Hilf den Rangierern und stelle die Züge nach folgenden Angaben zusammen.

1. Jubliäumszug: Waggon 5, Waggon 2, Waggon 4, Waggon 3, Waggon 1.

Mit großem Feuerwerk feiert ... ____________________

______________________________ .

2. Jubliäumszug: Waggon 3, Waggon 2, Waggon 1, Waggon 5, Waggon 4.

____

______________________________ .

2 An welcher Position steht Waggon 2 in jeder Aufstellung?

Er bleibt stets an ______ Position.

In jedem Aussagesatz gibt es ein Satzglied, das seine Position nicht verändert. Dieses Satzglied besteht aus der **Personalform des Verbs** und heißt **Prädikat**. Das Prädikat sagt aus, **was jemand tut** oder **was geschieht** und wird deshalb auch Satzaussage genannt. Das Prädikat darf in keinem vollständigen Satz fehlen und steht in Aussagesätzen immer an **zweiter Satzgliedstelle.**
Das Prädikat besteht nicht immer nur aus einem Teil. Wenn es mit einem **zusammengesetzten** Verb gebildet wird, wird das Verb meistens in seine Bestandteile zerlegt. Dann steht der so genannte Verbzusatz – oft eine Präposition – an letzter Stelle des Satzes: Wir *laden* Jubiläumsgäste *ein*.

3 Das Festkomitee in Gleisheim möchte die Gäste der Jubiläumsfeier mit Getränken und Snacks begrüßen. Dafür soll ein zweiter Zug hergerichtet werden. Hilf bei der Beschriftung der Waggons und verwende folgende Wörter: *wir - vorstellen - uns*.

Formuliere den korrekten Satz: ____________________ .

Wie viele Waggons werden diesmal benötigt? ______ .

Prädikat

4 Unterstreiche in den folgenden Aussagesätzen das Prädikat.

1. Ich <u>verstehe</u> nur Bahnhof!
2. Die meisten Berufstätigen bewältigt mit täglich ein bis vier Millionen Passagieren der Bahnhof Shinjuku in Tokio.
3. Den Zürcher Hauptbahnhof passieren jeden Tag über 2.700 Züge.
4. Die dünnste Luft atmen die Bahnfahrer auf dem mit 5.068 m höchstgelegenen Bahnhof der Welt in Tanggula an der Lhasa-Bahn (Tibet).
5. Mit 83.640 Quadratmetern nimmt der Leipziger Hauptbahnhof die größte Grundfläche ein.
6. Der größte Kreuzungsbahnhof Europas in Berlin kostete 750 Millionen Euro.
7. Die USA unterhalten mit rund 4 Millionen Kilometern das weltgrößte Eisenbahnnetz.
8. Das Eisenbahnnetz des Vatikans misst nur 600 m Länge.
9. Die schnellste Lok der Welt, der Eurosprinter, erzielte die Höchstgeschwindigkeit von 357 km/h.
10. Die nur drei Kilometer lange Kohletransportbahn auf Spitzbergen ist die nördlichste Eisenbahnstrecke der Welt.
11. Ein Zug im Jordangraben befährt 250 Meter unter dem Meeresspiegel die tiefstgelegene Eisenbahnstrecke überhaupt.

5 Bilde mit den folgenden Satzgliedern einen vollständigen Satz.
Markiere das Prädikat.

1. Der Gepäckträgerservice / ausladen / die vier Koffer der Familie
   Der Gepäckträgerservice lädt die vier Koffer der Familie aus .
2. Die Reisenden / abwarten / die Lautsprecherdurchsagen
   ________________________________ .
3. Die Zugführerin / vorstellen / den Reisenden / ihr Zugbegleiterteam
   ________________________________ .
4. Die Zugbegleiterin / anbieten / Getränke und Snacks / während der Reise
   ________________________________ .
5. Der Bahnhofsvorsteher / ansagen / verspäteten Züge / über die Lautsprecher
   ________________________________ .

Prädikat (mehrteilig)

27

Der Zauberer zersägt eine Frau in zwei Teile.   Der Zauberer ______________ zersägt.

1 Sieh dir den Zauberer genau an und vervollständige den Satz.

Prädikate können einteilig und mehrteilig sein. Eine mehrteilige Form (zusammengesetzte Verben) hast du auf den Seiten zuvor bereits kennen gelernt. Eine zweite Möglichkeit ist die Aufteilung des Prädikats in zwei Verbformen: die **Personalform des Verbs (finites Verb)** und die **infinite Form des Verbs** (ungebeugte Formen: Infinitive oder Partizipien).
Die Personalform des Verbs steht immer an zweiter Satzgliedstelle, die infinite Form an letzter. Gemeinsam bilden beide Verbformen die **Verbklammer**.

	finites Verb		**infinites Verb**
Der Zauberer	hat	eine Frau in zwei Teile	zersägt .
	I———	Verbklammer	———I

Die Größe der Verbklammer spielt dabei keine Rolle – die beiden Verbformen „halten zusammen"!

2 Trage in den folgenden Sätzen die Verbklammern ein und umrahme die eingeklammerten Satzteile.

Der Zauberer hat eine Frau zersägt.

Der Zauberer hat eine Frau in zwei Teile zersägt.

Der Zauberer hat unglaublicherweise eine Frau in zwei Teile zersägt.

Der Zauberer hat unglaublicherweise eine Frau mit einer riesigen Säge in zwei Teile zersägt.

Prädikat (mehrteilig)

3 Verändere die folgenden Sätze mit Hilfe der in Klammern angegebenen finiten und infiniten Formen der Verben.

1. Der Zauberer greift einen leeren Zylinder. (hat gegriffen)

   Der Zauberer hat einen leeren Zylinder gegriffen ______.

2. Jetzt erscheint aus dem Nichts ein großes Tuch in seiner Hand. (ließ erscheinen)

   ______.

3. Er stopft das große Tuch langsam in den recht kleinen Zylinder. (musste stopfen)

   ______.

4. Er dreht den Zylinder, und heraus fliegen vier schneeweiße Tauben. (hat gedreht/sind geflogen)

   ______.

4 Markiere die Prädikate. Bei welchen Sätzen handelt es sich um ein mehrteiliges Prädikat, bei welchen um ein einteiliges?

1. In letzter Zeit haben viele Menschen eine E-Mail mit dem Titel „Alles vorbei" erhalten.
2. Es handle sich hierbei – so die Experten – um den bislang gefährlichsten E-Mail-Virus.
3. Er habe nicht nur Festplatten, sondern auch in der Nähe des PCs liegende Datenträger formatiert.
4. Von ihm werden Thermostate der Tiefkühltruhen auf „automatisch Abtauen" verstellt.
5. Zudem hat er durch ein unbekanntes System alle CDs der gesamten Stadt zerkratzt.
6. Betroffene berichten von versteckten Autoschlüsseln, vergessenen Passwörtern, verstellten Weckern und rasierten Haustieren – Schuldiger: „Alles vorbei"!
7. Die Experten empfehlen das sofortige Löschen der E-Mail und ihres Anhangs.

Mehrteiliges Prädikat: 1. Satz, ... ______

______

Einteiliges Prädikat: ______

______

Zum Zelten gehen Sherlock Holmes und Dr. Watson hinaus in die Natur. Nach einem gemütlichen Abend vor dem Lagerfeuer beziehen beide ihr Zelt und gehen müde zu Bett. Mitten in der Nacht jedoch weckt Sherlock Holmes Dr. Watson. In seiner betont ruhigen Art fragt er ihn: „Was siehst du?" Darauf antwortet ihm Dr. Watson: „Ich sehe Sterne am Himmel!" „Und was hat das zu bedeuten?", fragt Sherlock Holmes weiter. Daraufhin antwortet Dr. Watson nach langem Nachdenken: „Dort oben im unendlichen Universum könnte intelligentes Leben zu finden sein!"
„Quatsch! Man hat uns gerade das Zelt geklaut!"

1 Beantworte die folgenden Fragen und unterstreiche die Antworten im Text.

1. Wer geht zum Zelten hinaus in die Natur?

   ______________________________ .

2. Wer bezieht nach einem gemütlichen Abend vor dem Lagerfeuer sein Zelt und geht müde zu Bett?

   ______________________________ .

3. Wer weckt Dr. Watson mitten in der Nacht?

   ______________________________ .

4. Wer sieht Sterne am Himmel?

   ______________________________ .

5. Was könnte oben im unendlichen Universum zu finden sein?

   ______________________________ .

6. Wer oder was hat uns gerade das Zelt geklaut?

   ______________________________ .

Alle Antworten sind Teil eines ganz bestimmten Satzgliedes: des **Subjekts** (Satzgegenstand). Das Subjekt ist ganz eng mit dem Prädikat verbunden, sodass es in Person und Numerus immer mit der Personalform des Verbs übereinstimmt. Zum Subjekt können ein oder mehrere Wörter gehören, und seine Stellung im Satz ist variabel.
Es steht jedoch immer im Nominativ und gibt deshalb immer Antwort auf die Fragen *Wer?* oder *Was?*. In diesen Fragen sollten alle anderen Satzglieder des Satzes auch enthalten sein. Beispiel: Wer antwortet daraufhin nach langem Nachdenken? Dr. Watson (=Subjekt).

Subjekt

2 Finde in dem Buchstabengitter die Täter der ungelösten Fälle und trage sie in die Satzlücke ein. Tipp: Jeder Strich in der Lücke des Satzes steht für einen Buchstaben des Lösungswortes.

T	K	N	U	S	P	E	R	H
A	F	Y	J	F	T	R	O	Ä
P	C	M	A	Ä	Q	W	L	U
F	L	A	I	N	X	O	P	S
E	Ö	X	T	G	C	L	W	C
R	P	U	E	Z	V	F	E	H
E	W	N	K	R	M	L	E	E
S	R	D	W	H	A	A	R	N
C	Z	M	O	R	I	T	Z	I
H	N	E	I	D	E	R	L	E

1. Der *Wolf* fraß Kreide, um die Stimme der Ziegenmutter nachzuahmen.
2. Dem Prinzen diente als Leiter zu Rapunzel ihr _ _ _ _ .
3. Ein _ _ _ _ _ _ _ _ _ _ _ _ _ _ _ _ ist das Zuhause einer Kinder mästenden und fressenden alten Dame.
4. _ _ _ _ _ _ _ _ _ _ _ _ stahlen gebratene Hühnchen, ließen die Pfeife des Lehrers explodieren und schütteten Maikäfer ins Bett des Onkels.
5. Sieben Fliegen erlegte das _ auf einen Streich.
6. Die weiße Winterpracht schüttelt _ _ _ _ _ _ _ _ _ aus ihren Betten.

3 Finde das Subjekt mit Hilfe der Satzgliedfrage und umkreise es im Satz.

1. Stroh spann Rumpelstilzchen für die Müllerstochter zu Gold.
   Wer ... ____?
2. Den sieben Zwergen diente ein Glassarg als Trauerort für ihr geliebtes Schneewittchen.
   ____?
3. Nach der Großmutter verschlang der böse Wolf das Rotkäppchen.
   ____?
4. Von einem Zwerg werden Schneeweißchen und Rosenrot immer wieder beschimpft.
   ____?

1 Kreuze die richtigen Aussagen an und markiere in den falschen den Fehler.

1. Das Prädikat steht in Aussagesätzen immer an zweiter Satzgliedstelle.
2. Das Prädikat besteht aus der Personalform des Verbs und einem Pronomen.
3. Das Prädikat sagt aus, was jemand tut oder was geschieht.
4. Zusammengesetzte Verben sind innerhalb eines Satzes niemals trennbar.
5. Die Verbklammer wird von der Personalform des Verbs und der infiniten Form des Verbs gebildet.
6. Das Prädikat ist der Satzgegenstand.
7. Das Subjekt ist die Satzaussage.
8. Das Subjekt und das Prädikat bilden den Satzkern.
9. Das Subjekt steht immer im Nominativ und antwortet immer auf die Frage: *Wen oder was?*
10. Das Subjekt besteht immer nur aus einem Wort.
11. Das Subjekt stimmt in Person und Numerus immer mit der Personalform des Verbs überein.

2 Umrahme die Prädikate.

1. Der Winter bedeckt das ganze Land mit Schnee.
2. Die wie eine Glutkugel untergehende Sonne spiegelt sich auf der Schneedecke.
3. Die Spuren des Wildes zeichnen interessante Muster in den Schnee.
4. Während einer Schneeballschlacht surren die weißen Geschosse durch die Luft.
5. Der weißweiche Untergrund mildert die Schmerzen nach dem Sturz vom Schlitten.

3 Kennzeichne das vollständige Prädikat und nenne den Infinitiv.

1. Ich **rufe** dich morgen **an**. *anrufen*
2. Ich gebe niemals auf. ____________
3. Mit einer gewaltigen Schere schnitt mir der Friseur mein geliebtes Haar ab. ____________
4. Wir kamen nach einer anstrengenden Reise endlich am Zielort an. ____________
5. Für die Passbilder warf ich mehrere Münzen ein. ____________

Test 8

4 Trage die Verbklammer aus finitem und infinitem Verb ein.

1. Gestern sind wir leider zu spät zum Unterricht gekommen.
2. Das Klingeln haben wir ohne böse Absicht überhört.
3. Dennoch hat uns der Lehrer ins Klassenbuch eingetragen.

5 Ermittle das Subjekt, indem du die vollständige Satzgliedfrage stellst und beantwortest.

1. Aaron und Daniel sind mit den Rädern unterwegs.
   Wer ist mit den Rädern ... ______ ? ______ .
2. Ein Nagel unterbrach die Radtour.
   ______ ? ______ .
3. Die Pannensuche war für die beiden nicht einfach.
   ______ ? ______ .
4. Mit Flickzeug konnte das Loch verschlossen werden.
   ______ ? ______ .
5. Nach einer kurzen Erholungspause fuhren beide nach Hause.
   ______ ? ______ .

6 Kreuze an, in welchen Sätzen das richtige Subjekt unterstrichen ist. Korrigiere die Sätze, in denen es falsch markiert wurde.

- 1. Zu seinem Geburtstag schenkt <u>Marvins</u> Familie gerne etwas Spannendes.
- 2. Das neue Computerspiel gefiel <u>Marvin</u> sehr gut.
- 3. Ihm gefällt <u>die Option</u> des Mehrspieler-Modus sehr gut.
- 4. Schon nach kurzer Zeit konnte er sich in <u>der Highscore-Tabelle</u> verewigen.

Akkusativobjekt

1 Welche Anweisungen gibt die Hexe wohl ihrer Assistentin? Trage mit Hilfe des Rezeptes die richtigen Zutaten in die Lücken ein.

„Häute als erstes **500 g Regenwürmer**. Danach musst du ______________________ zupfen. Mit Geisterstaub verrühre jetzt bitte ______________________ . ______________________ sollten dann von dir zermahlen und ______________________ zerrieben werden. Anschließend paniere mit Vampirmehl ______________________ . Zum Schluss schäume bitte noch ______________________ auf. So, alles in den Kessel, und bring mir zum Umrühren noch einen ______________________ !"

Um den Satzkern (Subjekt und Prädikat) mit weiteren Aussagen zu vervollständigen oder zu erweitern, gibt es Satzergänzungen: **Objekte**. Sie können aus Nomen oder aus einem Pronomen bestehen und müssen mit dem Subjekt und dem Prädikat ihrem Sinn nach zusammenpassen.
Steht eine solche Ergänzung des Prädikates im Akkusativ, ist dies ein Akkusativobjekt. Deshalb kannst du Akkusativobjekte mit der Frage *Wen oder was* erfragen. Wen oder was häute als erstes? 500 g Regenwürmer (=Akkusativobjekt).
Manche Verben fordern immer ein Akkusativobjekt, diese Verben heißen **transitive Verben**: Ich verrühre Lamaspucke (=Akkusativobjekt). Alle anderen Verben heißen **intransitive Verben**.

Akkusativobjekt

2 Stelle die vollständige Satzgliedfrage und antworte mit dem Akkusativobjekt. Umkreise anschließend das Akkusativobjekt in dem Satz.

Wie baut man einen fliegenden Hexenbesen?

1. Fällen Sie bei Vollmond eine Schauertrauerweide.

   Wen oder was fällen Sie bei Vollmond? Eine Schauertrauerweide.

2. Entfernen Sie mit einer Raspel aus Piranhazähnen die hochgiftige Rinde des Baumes.

   Wen oder was entfernen ______________________ ? __________ .

3. Den Kern des Stammes arbeiten Sie dann mittels Riesenkorkenzieher heraus.

   Wen oder was ______________________ ? __________ .

4. Das Sägefischsägeblatt sollte diesen jetzt auf die benötigte Länge zuschneiden.

   Wen oder was ______________________ ? __________ .

5. Befestigen Sie an diesem Stiel jetzt die feinen Gruselbeerstrauchästchen mit einer Fledermauslederkordel.

   Wen oder was ______________________ ? __________ .

6. Während des ersten Probefluges sollten Sie einen Fallschirm tragen.

   Wen oder was ______________________ ? __________ .

3 Diese ausländische Gebrauchsanweisung ist mit einem schlechten Übersetzungsprogramm erstellt worden und klingt darum etwas seltsam. Lass dich durch unbekannte Wörter nicht irritieren. Finde die Akkusativobjekte und unterstreiche sie.

Weihnachtsbeleuchtung

Damit Sie eine Glückseligkeit unter finstrer Tanne erreichen, lesen Sie ganz einfach die Handbedienung:

1. Packen Sie die Ware aus, und erstrahlen Sie.
2. Zur Beleuchtung klöffnen und vertoppeln Sie Stöffel A und Stöffel B.
3. Mit der Klawong C beklammern Sie Beleuchtung an Astbaum oder Gitterbalkonterrasse. Achtung: Bei Feuchtigkeit aus Himmel strauzogen Sie Steckerstrom aus Lochdosenwand!
4. Wenn einzelnes Geleucht minusleuchtet, vertauschen Sie Glühbirnenschale mit Vorsicht. Birnenglas ist leicht brechlich und schneidet tief Ihre Finger.

Dativ- und Genitivobjekt

1. der Königin
2. dem Burgfräulein
3. dem Knappen
4. dem Lanzenmacher
5. dem Räuber
6. dem König
7. dem Pferdedoktor
8. meiner verstorbenen Großmutter
9. der Drachensache
10. eines Besseren

1 Der Ritter hat seine Rüstung angelegt und vor lauter Anstrengung vergessen, was er sich für den heutigen Tag vorgenommen hat. Zum Glück jedoch hat er sich alle seine Pläne am Tage zuvor notiert. Schreibe sie nach folgendem Muster auf.

1. Ich schmeichle *der Königin* . (Dativobjekt)
2. Ich winke __________ . (Dativobjekt)
3. Ich höre __________ zu. (Dativobjekt)
4. Ich begegne __________ . (Dativobjekt)
5. Ich drohe __________ . (Dativobjekt)
6. Ich gehorche __________ . (Dativobjekt)
7. Ich antworte __________ . (Dativobjekt)
8. Ich gedenke __________ . (Genitivobjekt)
9. Ich nehme mich __________ an. (Genitivobjekt
10. Ich besinne mich __________ . (Genitivobjekt)

Intransitive Verben fordern im Gegensatz zu transitiven Verben keine Akkusativobjekte, sondern Dativ- oder Genitivobjekte. Steht also eine Ergänzung des Prädikats im Dativ, ist dies ein **Dativobjekt**. Deshalb kannst du Dativobjekte mit der Frage *Wem?* erfragen: Wem schmeichle ich? Der Königin (=Dativobjekt).
Steht eine Ergänzung des Prädikats im Genitiv, ist dies ein Genitivobjekt. Du erfragst es mit *Wessen?*: Wessen gedenke ich? Meiner verstorbenen Großmutter (=Genitivobjekt).
Das Genitivobjekt wird immer seltener benutzt und klingt meist veraltet. Vor allem folgende Verben fordern ein Genitivobjekt: *sich annehmen, sich bedienen, bedürfen, sich enthalten, sich erinnern, sich entsinnen, sich erfreuen, gedenken, sich rühmen, sich schämen, sich versichern.*

Dativ- und Genitivobjekt

2 Stelle die vollständige Satzgliedfrage und beantworte sie mit dem vorgegebenen Objekt.

1. Dein Bruder ähnelt dem Burgherrn.

   Satzgliedfrage: *Wem ähnelt dein Bruder* ? Dativobjekt: *Dem Burgherrn* .

2. Des Turnierbeginns harrt der Ritter mit großer Geduld.

   Satzgliedfrage: *Wessen ...* ? Genitivobjekt: ______ .

3. Der Angeklagte antwortet dem König nur mit großer Mühe.

   Satzgliedfrage: ______ ? Dativobjekt: ______ .

4. Den beiden Hofnarren gefällt das hübsche Burgfräulein unglaublich gut.

   Satzgliedfrage: ______ ? Dativobjekt: ______ .

5. Die Ritterschar gratuliert der einzigen Ritterin des Königs nach dem Kampf.

   Satzgliedfrage: ______ ? Dativobjekt: ______ .

6. Des Pokals und des Geldes bemächtigt sich der Ritter nach dem Turniersieg.

   Satzgliedfrage: ______ ? Genitivobjekt: ______ .

3 Markiere in dem folgenden Text alle Dativobjekte blau und die Genitivobjekte grün.

Der kleine Ritter Trautsichwas trotzte bereits im Ritterkindergarten jeglicher Gefahr. Dazu bediente er sich seines großen Mutes. Damit ähnelte er doch sehr seinem Vater Ritter Trautsichalles. Schon früh rieten alle Verwandten dem Vater, seinen Sohn bald mit Mutproben vor Aufgaben zu stellen. Dies schmeichelte dem Vater natürlich sehr. Und so schenkte er seinem Sohn zu dessen 12. Geburtstag das erste Schwert. Dieses Schwert jedoch geriet etwas zu groß und passte Ritter Trautsichwas nicht so ganz. Beinahe glaubte man, das Schwert könne ihm schaden. Doch Trautsichwas erwehrte sich stets dieser Sorgen. Dennoch löste sein ungeschickter Umgang mit dem riesigen Schwert häufig großes Gelächter aus. Dies schmeckte dem Kleinen natürlich überhaupt nicht. Einmal jedoch – es war Markttag – entledigte sich der kleine Ritter Trautsichwas auf dem Marktplatz seines Mantels, um besser üben zu können. So begann er, mit seinem ungeschickten Schwertkampf gerade unsichtbaren Luftgegnern zu schaden. Da ertönte plötzlich ein Schrei - „Haltet den Dieb!“ -, und ein Mann stürmte auf Trautsichwas zu. Genau in diesem Augenblick fiel Trautsichwas mit seinem schweren Schwert nach vorne, und der Dieb stolperte über die Klinge. Die Menge johlte über diesen Zufall und gratulierte dem Ritter Trautsichwas zu seiner ersten Heldentat.

1 Kreuze alle transitiven Verben an.

- 1. leihen
- 2. regnen
- 3. schlafen
- 4. mitteilen
- 5. erklären
- 6. laufen
- 7. lieben
- 8. warten
- 9. senden
- 10. entwenden
- 11. dauern
- 12. überreichen
- 13. bedürfen
- 14. stürmen
- 15. loben
- 16. abkaufen
- 17. rauben
- 18. helfen
- 19. essen
- 20. beurlauben

2 Unterstreiche in den folgenden Sätzen das Akkusativobjekt.

1. Meine Geburtstagsfeier erfreut mich immer sehr.
2. Denn meine Freunde überreichen mir viele tolle Geschenke.
3. Zudem backt meine Mutter mir meistens meine Lieblingstorte.
4. Sehr viel Spaß haben wir dann beim gemeinsamen Verspeisen dieser Torte.
5. Am Abend spürt man nach der Einkehr von Ruhe doch die Anstrengung des Tages.

3 Bilde aus Satzgliedfrage und Antwort vollständige Sätze. Dabei soll das Dativobjekt an erster Satzgliedstelle stehen.

1. Wem übergibt der Postbote den Brief? Dem Schulleiter.
   Dem Schulleiter ... ______
2. Wem ist Mathe völlig unwichtig? Mir.
   ______
3. Wem gelang der Salto nach langem Üben? Marie und Julia.
   ______
4. Wem liefert der Pizzaservice niemals Ware? Unseren Nachbarn.
   ______

Test 9

4 Bestimme das Genitivobjekt der folgenden Sätze, indem du die vollständige Satzgliedfrage formulierst und sie beantwortest.

1. Die Hündin nimmt sich des Welpen an.

   Wessen ... ? Des ... .

2. Der Klassenclown rühmt sich immer wieder seiner Heldentaten.

   ______________________ ? ______________________ .

3. Meines letzten Streiches schäme ich mich sehr.

   ______________________ ? ______________________ .

4. Der Sportlehrer bedient sich seiner Trillerpfeife.

   ______________________ ? ______________________ .

5 Setze die angegebene Nomengruppe in der richtigen Form ein und bestimme die Objektart.

1. (die Forderungen der Lehrer)

   Ich komme ______________________ meist nur ungern nach.

   (______________________)

2. (sein Vokabeltest)

   Wütend zerreißt Wolfgang ______________________ in tausend Teile.

   (______________________)

3. (seine regennasse Kleidung)

   Aufgrund der Kälte entledigt sich Michael ______________________ .

   (______________________)

4. (ihre Mutter)

   Die fröhliche Tochter dankt ______________________ von ganzem Herzen.

   (______________________)

5. (mein Name)

   Langsam buchstabiere ich der Sprechstundenhilfe des Zahnarztes ______________________ .

   (______________________)

Präpositionalobjekte

1 Auch die anderen Tiere des Bauernhofs machen sich Gedanken über ihren Chef und lassen ihren Wünschen freien Lauf.

1. **Das Huhn**: „Lieber Bauer! Bitte streite dich nicht um meine Eier!"
2. **Das Schaf**: „Lieber Bauer! Bitte schütze meinen Wollpullover vor Regen und Schmutz!"
3. **Die Ente**: „Lieber Bauer! Bitte schwimme nicht mehr mit mir in meinem Teich!"
4. **Die Ziege**: „Lieber Bauer! Bitte stell dich auf mein Gemeckere ein!"

Vervollständige die Fragen nach den Satzgliedern.

Für wen oder was sorge bitte zukünftig während des Melkens? Für warme Hände.

1. ______________________ streite dich bitte nicht? Um meine Eier.
2. ______________________ schütze bitte meinen Wollpullover? Vor Regen und Schmutz.
3. ______________________ schwimme bitte nicht mehr in meinem Teich? Mit mir.
4. ______________________ stell dich bitte ein? Auf mein Gemeckere.

Manche Verben benötigen ein Objekt, das von einer Präposition abhängt. Präposition und Objekt bilden dann eine untrennbare Einheit und heißen **Präpositionalobjekte** (=für warme Hände). Präpositionalobjekte ermittelst du mit Hilfe der Satzgliedfrage und der betreffenden Präposition:
Für wen oder was sorge bitte in Zukunft beim Melken? *Für warme Hände*.
Vor allem Verben mit Vorsilben fordern häufig ein Präpositionalobjekt.
aufhören: Die Ziege hört nicht *mit dem Meckern* (=Präpositionalobjekt) auf.
zunehmen: Das Schwein nimmt *von der Vollwertkost* (=Präpositionalobjekt) kräftig zu.

Präpositionalobjekte

2 Umkreise in den folgenden Bauernregeln die Präpositionalobjekte.

1. Bleiben die Schwalben lange, sei vor dem Winter nicht bange.
2. Frösche auf Stegen und Wegen deuten auf baldigen Regen.
3. Geht der Fisch nicht an die Angel, ist der Regen bald kein Mangel.
4. Laufen Haselmäuse im Sommer, fehlt's im Januar am Eise.

3 Formuliere vollständige Sätze. Die farbigen Wörter sollen das Präpositionalobjekt bilden. Aber Achtung: Es gibt immer zwei Möglichkeiten, die Sätze zu formulieren.

1. mit / Schaf / streitet / Schäferhund

a) Das Schaf streitet mit dem Schäferhund.

b) Mit dem Schäferhund streitet das Schaf.

2. auf / achten / rote Tücher / Stiere

a) ______________________________.

b) ______________________________.

3. einen Platz auf der Stange / Hühner / um / sich streiten

a) ______________________________.

b) ______________________________.

4. der Hahn / urteilen / Misthaufenqualität / über

a) ______________________________.

b) ______________________________.

5. vor / sollten sich hüten / Schaf / wilde Tiere

a) ______________________________.

b) ______________________________.

Objekte unterscheiden und ermitteln

32

1 Bestimme die Objektart der fettgedruckten Begriffe und ermittle so das Lösungswort. Das Lösungswort ergibt (von oben nach unten gelesen) den Namen eines Wassertiers, das bis zu 7 m hoch springen kann: _ _ _ _ _ _ .

(Abkürzungen: AO =Akkusativobjekt, DO =Dativobjekt, GO =Genitivobjekt, PrO =Präpositionalobjekt)

Tierrekorde	AO	DO	GO	PrO
1. **Dem Sperbergeier** ist ein Flug in bis zu 11.200 m Höhe möglich.	H	D	S	K
2. **Das dichteste Fell aller Tiere** hat mit bis zu 120.000 Haaren pro Quadratzentimeter der Seeotter (Menschenkopf: ca. 300).	E	M	A	I
3. Der Gepard läuft mit 105 km/h **jedem anderen Landtier** davon.	M	L	E	T
4. **Für das langsamste Säugetier** hält man das Faultier, da es auf dem Boden nur ca. 120 Meter pro Stunde zurücklegen kann.	O	Z	N	F
5. Die Körperlänge von über 10 Metern macht die Anakonda **zur längsten Schlange der Welt.**	E	R	F	I
6. Der Puma rühmt sich mit einer Sprunghöhe von bis zu 5 Metern **des Titels „Höchstspringer“.**	A	R	N	K

Objekte kannst du mit Hilfe der Satzgliedfragen unterscheiden und ermitteln: **Wen oder was? (Akkusativobjekt), Wem? (Dativobjekt), Wessen? (Genitivobjekt), Präposition + Satzgliedfrage (Präpositionalobjekt).** Wichtig ist dabei, dass die Satzgliedfrage **alle übrigen Satzglieder des Satzes aufnimmt** und das erfragte Satzglied die inhaltlich schlüssige und grammatisch richtige Antwort auf diese Frage gibt: *Wem* ist ein Flug in bis zu 11.200 m Höhe möglich? *Dem Sperbergeier* (=Dativobjekt).
Bestehen Objekte aus mehreren Wörtern, wende die **Umstellprobe** an, um die Begleiter herauszufinden: *Das dichteste Fell aller Tiere* hat mit bis zu 120.000 Haaren pro Quadratzentimeter der Seeotter. Umstellprobe: Mit bis zu 120.000 Haaren pro Quadratzentimeter hat der Seeotter *das dichteste Fell aller Tiere*.

2 Formuliere die vollständigen Satzgliedfragen für die angegebenen Tierrekorde.

3. Rekord: *Wem läuft ...* ______________________________ ?

5. Rekord: ______________________________ ?

6. Rekord: ______________________________ ?

Objekte unterscheiden und ermitteln

3 Bilde mit den angegebenen Wörtern und mit Hilfe der Satzbauanweisung vollständige Sätze.

1. misslingen / Geparden / viele Jagdversuche

   Viele Jagsversuche misslingen dem / den Geparden .

   Subjekt Prädikat Dativobjekt

2. gegen Artgenossen / Tiger / verteidigen / ihre Reviere

   ______________________________ .

   Akkusativobjekt Prädikat Subjekt Präpositionalobjekt

3. sich beschränken / Krokodile / auf eine Mahlzeit pro Woche

   ______________________________ .

   Präpositionalobjekt Prädikat Subjekt

4. ihrer Haut / Schlangen / entledigen sich

   ______________________________ .

   Subjekt Prädikat Genitivobjekt

5. ihre Nester / Vögel / bauen / aus Ästen und Gräsern

   ______________________________ .

   Subjekt Prädikat Akkusativobjekt Präpositionalobjekt

4 Unterstreiche in dem folgenden Text die Objekte und bestimme sie.

Während der großen Tsunami-Flutwelle im Dezember 2004 kamen über 100.000 Menschen ums Leben. Allerdings konnte man kein einziges totes Wildtier finden. Obwohl die Riesenwelle im Landesinneren auch einen berühmten Nationalpark überflutete, in dem Elefanten und Leoparden leben. Den Biologen merkt man Erstaunen an, wenn sie nach Erklärungen für dieses Phänomen suchen. Die Tiere bedienen sich anscheinend ihres sechsten Sinnes, so vermuten Forscher. Ähnliches beobachten Forscher auch bei Erdbeben und Vulkanausbrüchen. Kurz vor Erdbeben zeigen viele Tiere plötzlich ein unruhiges Verhalten. Die Forscher schreiben elektromagnetischen Wellen die Ursache für diese Verhaltensweisen zu.

1 Setze die richtigen Präpositionen ein.

1. Über ______ wen oder was lachen wir in der großen Pause? ______ unsere Lehrer.
2. ______ wem spielst du häufiger nach der Schule? ______ meiner Freundin Maike
3. ______ wen oder was bettele ich manchmal? ______ das Anschauen meiner Lieblingsserie.
4. ______ wem schaue ich an den Wochenenden? ______ den Hunden unseres Nachbarn.
5. ______ wem erschrickt deine Mutter schreiend? ______ kleinen Mäusen.
6. ______ wen oder was haften Eltern auf dieser Baustelle? ______ ihre Kinder.

2 Hier stimmt was nicht! Die Präpositionalobjekte sind vollkommen durcheinander geraten. Schreibe die Sätze mit den richtigen Präpositionalobjekten auf.

1. Ich bleibe nach großen Haien. Ich bleibe … ______.
2. Ich fische bei meinem Entschluss. ______.
3. Ich erkranke über zu viele Hausaufgaben. ______.
4. Ich stöhne nach der Uhrzeit. ______.
5. Ich frage an starker Grippe. ______.

3 Umrahme in den folgenden Sätzen die Präpositionalobjekte.

1. Leonard kämpft im Sportunterricht um jeden Ball.
2. Langsam aber sicher gewöhnt sich die Klasse an ihren neuen Klassenraum.
3. Vor langweiligen Hausaufgaben habe ich mich bislang immer erfolgreich gedrückt.
4. Die Polizei fahndet inzwischen nach dem sehr auffällig gekleideten Täter.
5. Bianca interessiert sich sehr für das Leben und den Schutz der Delfine.

Test 10

4 Markiere die Objekte in den angegebenen Farben: Akkusativobjekt (rot), Dativobjekt (gelb), Genitivobjekt (grün), Präpositionalobjekt (blau).

	rot	gelb	grün	blau
1. Irgendwie passt mein Freund Valentin nicht zu mir.				X
2. Still und heimlich folgt er den schnellen Schritten seines Lehrers.		X		
3. Häufig bringt mir Susanne eine Brezel vom Bäcker mit.	X	X		
4. Nach nur kurzer Beratungszeit waltet der Richter seines Amtes.			X	
5. Der Fußballfan Andy schimpft wie ein Rohrspatz über die Schiedsrichterentscheidung.				X
6. In aller Ruhe stempelt der Postangestellte mein Geburtstagspäckchen für Ben.	X			
7. Mit Scharfsinn weist der Schulleiter Julia den Stinkbombenstreich nach.	X	X		
8. Klammheimlich bemächtigt sich der Dieb des Fahrrads.			X	
9. Wieder einmal kommt er ihm zuvor.		X		
10. Meine Lehrerin ärgert sich über meine fürchterliche Handschrift.				X

5 Finde und bestimme das jeweilige Objekt der folgenden Sätze. Schreibe die Bezeichnung über das Satzglied.

1. An jenem Morgen half der Pfadfinder der älteren Dame über die Straße.
2. Mit einem lauten Knall zerbricht er den trockenen Ast mit seinen Füßen.
3. Die Mannschaft findet sich immer noch nicht mit der Niederlage ab.
4. Nach kurzem Innehalten besann er sich schnell eines Besseren.

Bestandsaufnahme

Wenn du bestimmte Themen ganz gezielt üben oder wiederholen möchtest, findest du sie im Übungsteil am angegebenen Ort.

Richtige Lösungen	Themen im Übungsteil
1 b)	1 Verb, Nomen und Adjektiv
2 c)	2 Genus
3 c)	4 Kasus
4 c)	5 Bestimmter und unbestimmter Artikel
	6 Personalpronomen
	7 Possessivpronomen
5 a)	9 Das Verb (Infinitiv und Personalform)
	10 Imperativ
	17 Perfekt
6 c)	13 Funktionen des Präsens
7 c)	12 Präsens
	14 Futur
	17 Perfekt
8 a)	14 Futur
9 a)	16 Schwache, starke und unregelmäßige Verben
10 c)	15 Präteritum
	17 Perfekt
	18 Plusquamperfekt
11 b)	19 Adjektive
12 c)	6 Personalpronomen
	7 Possessivpronomen
	19 Adjektive
	21 Präpositionen
13 a)	22 Präpositionen und Kasus
14 b)	24 Satzglieder (Subjekt, Prädikat, Objekt)
	26 Prädikat
	27 Prädikat (mehrteilig)
15 c)	23 Satzarten
	24 Satzglieder (Subjekt, Prädikat, Objekt)
16 b)	25 Satzglieder erkennen (Umstell- und Ersatzprobe)
	28 Subjekt
17 c)	29 Akkusativobjekt
	30 Dativ- und Genitivobjekt
	31 Präpositionalobjekte
	32 Objekte unterscheiden und ermitteln
18 c)	30 Dativ- und Genitivobjekt

Lösungen

1 Verb, Nomen und Adjektiv

1 Der erste und der zweite Sprecher stammen aus dem Land der Nomen. Der dritte Sprecher kommt aus dem Land der Verben, der vierte aus dem Land der Adjektive.

Der Erste: Wir sind aus dem Land der **Nomen.**

Der Vierte: Mit mir würdest du die Typen aus dem Land der **Nomen** aber viel besser, viel genauer kennen lernen.

Der Vierte: Ich komme aus dem Land der **Adjektive** und heiße *groß*, kann mich aber gut an andere anpassen.

2 **Verben:** laufen, klauen, kaufen, haben, wollen, zurückholen, sehen, solle, erreichen, tun, einholen, schieben, rennen, holen, ansprechen, sprechen, wissen, antworten, überqueren, versuchen, beruhigen, erzählen, passieren, meinen, schildern, vorfallen, folgen, rennen, ankommen, (sich) trennen, können, beobachten, kommen, ergreifen, sein, verschwinden, lassen, schweifen, entgegenkommen, schwenken, breitmachen, entgegennehmen.

Nomen: Dieb, Kickboard, Bäckerei, Süßigkeit, Lust, Fall, Auto, Straße, Bedenken, Arm, Streifenpolizist, Luft, Polizist, Atem, Zeit, Lage, Höhe, Seite, Schauspiel, Straßenseite, Schritt, Erdboden, Blick, Gefährt, Gesicht, Grinsen, Board.

Adjektive: neu, kurz, lecker, richtig, direkt, tief, jung, alt, ruhig, wenig, nahe, einfach, hoffnungslos, schön, zufrieden, breit, glücklich.

2 Genus

1 Die beiden letzten Dominosteine müssen folgendermaßen ausgefüllt sein:
(die) Fahrt / (das) Ziel – (das) Haus / (der) Schlüssel

2 der: Ausflug, Weg, Regen, Aufbruch, Rucksack, Heimweg, Schlüssel
die: Fahrkarte, Bahn, Stadt, Mühe, Pause, Rückkehr, Fahrt
das: Ziel, Haus

3 Maskulinum-Koffer: Bälle, Zylinder, Zauberstab, Würfel
Femininum-Koffer: Spielkarten, Kerze, Trillerpfeife
Neutrum-Koffer: Tücher, Streichhölzer, Stofftiere

4

A	A	R	M		E	I			Z	Z	E	L	T		R
B	O	P	E	R	K	E	R	K	E	R			I		O
E		F		A		U	H	R	L	O	S		D		S
N		A	S	S					L			T	O	R	E
D	A	N	K	E					E	M			L		
		N		N				M	I	E					
E	H	E					N	A	S	E		E	C	K	E
	L	A	U	F				R		R					
		R	A	D				K							
							H	E	X	E					

Waagerecht
Maskulinum: der Arm, Erker, Kerker, Tor, Dank, Lauf
Femininum: die Oper, Uhr, Ehe, Nase, Ecke, Hexe
Neutrum: das Ei, Zelt, Los, Ass, Tor, Rad

Senkrecht
Maskulinum: der Abend, Rasen
Femininum: die Pfanne, Marke, Zelle, Rose
Neutrum: das Mark, Ei, Eis, Meer, Idol

3 Numerus

1

Singular (Einzahl)	Plural (Mehrzahl)
Flughund	**Flughunde**
Nacht	**Nächte**
Freund	Freunde
Kumpel	Kumpels
Eule	**Eulen**
Glas	**Gläser**

2

1. Angehängtes *-n*: die **Schaufeln**
2. Angehängtes *-e*: die **Besenstiele**
3. Gleiche Form wie im Singular: die **Staubsauger**
4. Umlaut (+ *-e* oder *-er*): die **Staubtücher**

3

2. Geräusch
die **Geräusche**
angehängtes *-e*

3. Hit
die **Hits**
angehängtes *-s*

4. Stimmung
die **Stimmungen**
angehängtes *-en*

5. Lied
die **Lieder**
angehängtes *-er*

6. Putzraum
die **Putzräume**
Umlaut + angehängtes *-e*

7. Party
die **Partys**
angehängtes *-s*

4

2. Freundinnen, Plural
3. Eintritt, Singular
4. Unterstufendiscos, Plural
5. Hits, Plural

4 Kasus

1

2. **Dem Schiedsrichter.** (Dativ)
3. **Den Schiedsrichter.** (Akkusativ)
4. **Die Linienrichter.** (Nominativ)
5. Die Fahnen **der Linienrichter.** (Genitiv)
6. **Den Linienrichtern.** (Dativ)
7. Auf **die Linienrichter.** (Akkusativ)
8. Der Pfiff **des Schiedsrichters.** (Genitiv)

2

2. Ackergäule – **Nominativ** 3. Beleidigungen – **Akkusativ** 4. Pferde – **Akkusativ**
5. Welt – **Genitiv** 6. Tiere – **Genitiv** 7. Gaul – **Dativ** 8. Sporen – **Akkusativ**
9. Idee – **Akkusativ** 10. Wettkampf – **Akkusativ** 11. Pferd – **Nominativ**

5 Bestimmter und unbestimmter Artikel

1

Unbestimmter Artikel	Bestimmter Artikel
a) in **einen** Wald	in **den** Wald
b) zu **einem** (...) Knusperhäuschen	zu **dem** (...) Knusperhäuschen

2

Nominativ **Singular** (**bestimmt**):	die Prinzessin, der Elektroschockschlaf, das Bett, der Raum, das Elektroschloss, der Vorrang, das Grüne, der Gedanke, das Glitschige, das Grüne.
Nominativ **Singular** (**unbestimmt**):	ein Akku, ein Rollbrett, eine E-Gitarre, ein Tagtraum, eine Sehnsucht, ein Frosch, ein Kurzschluss, ein Blitz.
Nominativ **Plural** (**bestimmt**):	die Elektroleckereien, die Klänge, die Leitungen, die Sicherungen, die Hirndrähte.
Nominativ **Plural** (**unbestimmt**):	Chips, Batterien, Hochspannungsleitungen.

Test 1

1

1. Wiesenrand: **Dativ**
   Riesenwand: **Akkusativ**
2. Rasenheizung: **Nominativ**
   Hasen / Reizung: **Dativ / Akkusativ**

2

Nasen : **Nominativ** Hasen: **Genitiv**

3

a) Wiesenrand: **Maskulinum**
b) Riesenwand: **Femininum**
c) Rasenheizung: **Femininum**
d) Hasen: **Maskulinum**
e) Reizung: **Femininum**

4

1. Ganz plötzlich an **einem** Wiesenrand
   traf ich auf **die** Riesenwand.
2. **Eine** hochmoderne Rasenheizung
   verursacht bei (~~den~~) **Hasen** Reizung.

5

1. Singular – ~~Artikel~~ – Plural
   Begründung c): Begriff für eine Wortart zwischen zwei Numerusbezeichnungen.
2. Nomen – Verb – ~~Genus~~ – Artikel
   Begründung b): Fällt aus der Reihe der Wortartbezeichnungen heraus.
3. Genitiv – Akkusativ – ~~Adjektiv~~ – Nominativ
   Begründung a): Wortartbegriff, der aus den Kasusbezeichnungen herausfällt.

6

Richtige Lösung:
3. Zur Bestimmung des Genus eines Nomens muss der bestimmte Artikel im Singular herangezogen werden.

6 Personalpronomen

1 1. Superman 2. Batman 3. Harry Potter 4. Pippi Langstrumpf 5. Krümelmonster 6. Asterix und Obelix 7. Panzerknacker 8. Schlümpfe

2 a) ich, ich b) du, wir, er, wir c) ihr, ich, sie, wir

3 *Die falschen Pronomen sind durchgestrichen, die richtigen daneben fett hervorgehoben.*
Anna, Bernd und Zoë gehen gemeinsam ins Schwimmbad. ~~Ihr~~ **Sie** gehen immer in dieses Bad, ~~er~~ **es** ist ihr Lieblingsschwimmbad mit tollem Wasser. Zudem treffen ~~wir~~ **sie** dort meistens auch noch weitere Freunde. Bernd ist immer am schnellsten umgezogen, deshalb ist ~~sie~~ **er** auch der erste im Wasser. ~~Es~~ **Er** winkt ihnen kurz zu, taucht unter und stößt unter Wasser fast mit Frank zusammen. ~~Sie~~ **Er** geht in die gleiche Klasse wie Bernd, Anna und Zoë. „Wo hast ~~ich~~ **du** deine Mädels gelassen?", ärgert ~~sie~~ **er** ihn wie immer. „Kennst ~~ihr~~ **sie** ja, ~~es~~ **sie** suchen immer noch ein schönes Plätzchen", antwortet Bernd. „Na, ~~du~~ **ihr** seid ja ein tolles Team! ~~Wir~~ **Ich** würde niemals mit zwei Mädchen schwimmen gehen!", frotzelt Frank weiter. „~~Er~~ **Du** bist doch nur neidisch, weil ~~du~~ **sie** schneller schwimmen können als ~~ich~~ **du**!", kontert Bernd.
Am Beckenrand tauchen auf einmal Anna und Zoë auf: „He, Bernd, kommst ~~er~~ **du** bitte mal raus, meine Eltern haben uns Geld für Eis gegeben. Oh, hallo Frank, tut uns Leid, aber ~~ich~~ **wir** haben nur Geld für drei Eis!"

7 Possessivpronomen

1 / 2

Tochter: „Nein, das ist meine! Zu mir kommt sie immer sofort, wenn ich die Haustür öffne."
Sohn: „Nein, Mama, das ist nicht ihre, das ist meine! Wenn wir auf dem Sofa sitzen, liegt sie immer auf meinem Schoß."
Mutter: „Nein, mein Lieber, das ist weder deine noch ihre, das ist meine! Wenn ich sie auf dem Arm habe, schnurrt sie ganz genüsslich."
Vater: „Nein, meine Lieben, ihr täuscht euch alle drei. Das ist nicht eure, das ist meine! Sobald ich ihr Dosenfutter öffne und es in ihren Napf tue, läuft sie in die Küche und springt auf meinen Rücken!"
Oma: „Ich mache euch einen Vorschlag: Gehört sie nicht uns allen?"
Katze: (in Gedanken): „Ich gehöre nur mir selber. Einer von euch sollte mal lieber mein Klo saubermachen!"

3 **unsere** Katze, **ihren** eigenen Willen, **mein** Bruder, **meines** Bruders, **unserer/meiner** Familie, **ihrem** Revier, **meines** Bruders, in **meinem**, **mein** Bruder, **seinen** Beinen, wie es **unserer/meiner,** das ist **mein** Bruder

4 2. **Unsere** Laune verbessert sich.
3. Mich verärgert **euer** Verhalten.

5 2. Morgen sehe ich dich und **deine** Freunde wieder.
3. Nach **meiner** Erfahrung wird es bald regnen.
4. Stundenlang föhnt sie sich **ihre** Haare.
5. Der Schulleiter will mit **euren** Eltern telefonieren.

8 Fragewörter

1 1. Wann? 2. Was? 3. Wer? 4. Wo? 5. Wie? 6. Wessen? 7. Wen? 8. Wohin?

2 Die verbundenen Fragewörter ergeben den Buchstaben **W**.

3 Diese Tiernamen enthalten Fragewörter: Hart**wessen**kaiman, Io**warum**fisch, Kimo**woher**melin, Koso**wozu**ngenchamäleon, Riesenohr**wann**ze, Rott**wem**ster, Sch**wie**gersohngarnele, Tiefseek**was**tinake, Ti**wohin**waran, Tüfpelsch**wert**fisch.
Diese Tiernamen enthalten keine Fragewörter: Komodowarzenschwein, Winselnasenbär, Keinwunderschnecke, Gutwetterkröte, Großwüstenluchs.

4 2. Wer? Rotkäppchen wird von der Mutter durch den Wald geschickt.
3. Was? Einen Korb mit Kuchen und einer Flasche Wein.
4. Warum? Damit ich dich besser fressen kann.
5. Wen? Den Wolf schneidet der Jäger auf.
6. Wem? Der kranken Großmutter bringt sie diese Leckereien.
7. Welches? Die rote Kappe ist ihr Erkennungszeichen.
8. Wessen? Er zieht sich das Nachthemd der Großmutter an.

Test 2

1

	Personalpronomen	**Possessivpronomen**
1. Person Singular	St-**ich**-tag	Ge-**mein**-de
2. Person Singular	**Du**-isburg	Wan-**dein**-sturz
3. Person Singular	V-**er**-kehr, Feu-**er**	Da-**sein**
3. Person Singular	Schle-**sie**-n, Tee-**sie**-b	ihr
3. Person Singular	L-**es**-en	sein
1. Person Plural	Gast-**wir**-t	Taif-**unser**-ie
2. Person Plural	Ihr	F-**euer**
3. Person Plural	Tee-**sie**-b, Schle-**sie**-n,	ihr

2 2. Florian ärgert sich über das defekte Display **seines** Handys. (**3. Person Singular, Genitiv**)
3. Der Regen löscht **ihr** Feuer. (**3. Person Plural, Akkusativ**)
4. Die Luft entweicht aus **unserem** Ball. (**1. Person Plural, Dativ**)
5. Für die Hausaufgaben leihe ich mir **deinen** Taschenrechner. (**2. Person Singular, Akkusativ**)

③ *Die falschen Pronomen sind durchgestrichen, die richtigen daneben fett hervorgehoben.*

1. „~~Mir~~ **Meine** Eltern sind komisch!", beschwert sich Anne-Sophie bei ~~seiner~~ **ihrer** Freundin. „Erst haben sie ~~mich~~ **mir** mit viel Mühe das Sprechen beigebracht, und jetzt kann ~~mir~~ **ich** es endlich, und nun verbieten ~~ihr~~ **sie** mir dauernd den Mund!"
2. Lukas und Jan kommen aus der Schule nach Hause und erzählen ~~euch~~ **ihren** Eltern: „~~Mir~~ **Wir** haben heute Sprengstoff hergestellt!" Die Eltern fragen besorgt: „Und was macht ~~du~~ **ihr** morgen in ~~euch~~ **eurer** Schule?" Darauf die beiden unschuldig: „In welcher Schule?"
3. Ein Zauberer ruft einen Jungen auf die Bühne: „~~Eure~~ **Meine** sehr verehrten Damen und Herren, dieser Junge und ~~mich~~ **ich** haben ~~meines~~ **uns** noch niemals zuvor irgendwo getroffen." Er gibt dem Jungen lächelnd die Hand und sagt: „Nicht wahr, ~~dein~~ **mein** Junge, ~~er~~ **du** hast ~~ihm~~ **mich** noch niemals gesehen?" Der Junge: „Stimmt, Papa!"

④ 1. Wann (...)? 2. Wohin (...)? 3. Was (...)? 4. Wen (...)? 5. Wie (...)? 6. Wessen/welche (...)? 7. Wo (...)? 8. Wer (...)? 9. Warum/weshalb (...)?

9 Das Verb (Infinitiv und Personalform)

① Folgende Verben müssen unterstrichen sein: liegen, gehen, genießen, reiten, essen, haben, segeln, sein.

② Mein Bruder **reitet** auf den Wellen. Meine Mutter **isst** ein Eis. Ich **habe** keine Pflichten und **segle** mit den Wolken: Ich **bin** frei!

③ 2. bestehen – er besteht 3. bekämpfen – ihr bekämpft 4. aufbrechen – du brichst auf
5. befreien – man befreit 6. fliegen – wir fliegen 7. springen – ich springe
8. stehen – sie steht/sie stehen 9. zugeben – du gibst zu 10. können – kann
11. helfen – es hilft 12. gelten – ihr geltet

10 Imperativ

① 1. Sprechblase: **Teilt** gerecht!
2. Sprechblase: **Verstaut** die erbeuteten Kostbarkeiten gut!

② **Nimm** fünf Hölzer und **lege** sie so um, dass drei Rauten entstehen.

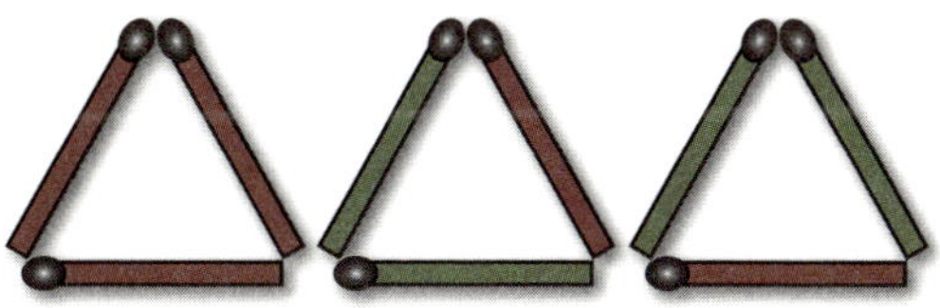

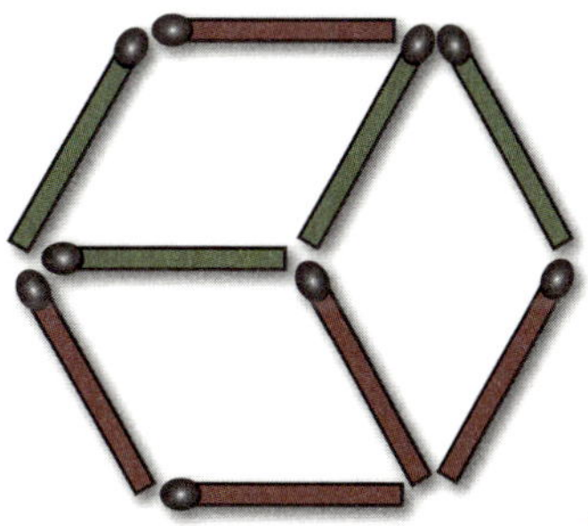

3 *Imperative und Pronomen im Plural sind in Klammern angegeben.*
„Hol (**Holt**) am besten einen Taschenrechner. Tippe (**Tippt**) die beiden letzten Ziffern deiner (**eurer**) Telefonnummer als zweistellige Zahl ein. Addiere (**Addiert**) dazu deine (**eure**) Hausnummer. Ziehe (**Zieht**) die Zahl deiner (**eurer**) Geschwister ab. Zähle (**Zählt**) deine (**eure**) Glückszahl dazu. Multipliziere (**Multipliziert**) das Ergebnis mit 18. Zähle (**Zählt**) alle Ziffern des bisherigen Ergebnisses zusammen. Wiederhole (**Wiederholt**) das, wenn das Ergebnis mehr als eine Ziffer hat. Verfahre (**Verfahrt**) so lange in dieser Weise, bis nur noch eine Ziffer übrig bleibt. *Falte* (**Faltet**) nun das Papier auseinander."

11 Tempora (Zeitstufen)

1 Vers 3 und 4: Zukunft
Vers 5 und 6: Vergangenheit
Vers 7 und 8: Gegenwart

2 Lisas Bericht:
Er **tarierte** zunächst die Gleichgewichtsstange aus. Mit konzentriertem Blick **machte** er die ersten Schritte. Keinen Blick **schenkte** er der Zuschauermenge. Gespannte Stille **machte** sich breit. Jeder auf dem Marktplatz **drückte** ihm die Daumen ...

Felix' Ankündigung:
Er **wird** zunächst die Gleichgewichtsstange **austarieren**. Mit konzentriertem Blick **wird** er die ersten Schritte **machen**. Keinen Blick **wird** er der Zuschauermenge **schenken**. Gespannte Stille **wird** sich breit **machen**. Jeder auf dem Marktplatz **wird** ihm die Daumen **drücken**...

12 Präsens

1 Der Verfasser wechselt in Zeile 14 vom Präteritum (Vergangenheitsform) ins Präsens (Gegenwart). In Zeile 23 wechselt er vom Präsens wieder ins Präteritum.

2 Das Tempus **Präsens** drückt meistens aus, dass etwas in der Gegenwart geschieht, kann aber z.B. auch zur **Spannungserzeugung** verwendet werden.

3 niesen: ich niese, du niest, er/sie/es niest, wir niesen, ihr niest, sie niesen.
lesen: ich lese, du liest, er/sie/es liest, wir lesen, ihr lest, sie lesen.

4 1. Das Übernachten **ist** sehr aufregend.
2. Es **macht** dennoch großen Spaß.
3. Ich **habe** große Lust darauf.
4. Niemand **vergisst** das.

13 Funktionen des Präsens

1 Folgende Zeitangaben müssen unterstrichen sein:
1. Im Jahr 1879 2. Jedes Jahr im Sommer 3. In den nächsten Ferien 4. keine Zeitangabe
5. gerade eben 6. Nachher 7. schon im Jahr 1869

2 Ich sitze morgen zum ersten Mal auf meinem neuen Mountainbike. (Zukünftiges)

3 Im Moment baue ich mit meinem Freund an meinem Tandem weiter. (Gegenwart)

4 Die beiden folgenden Funktionen müssen angekreuzt sein:

☒ gilt grundsätzlich ☒ Vergangenes (historisches Präsens)

In unserem Sonnensystem gibt es neun Planeten. Sie tragen die Namen von antiken Göttern. Wir sagen, dass sie die Sonne umkreisen, obwohl wir wissen, dass sie sich nicht auf kreisförmigen, sondern elliptischen Bahnen bewegen. Dies beobachtet Johannes Kepler schon im frühen 17. Jahrhundert. Unser Sonnensystem ist nur eines von unzähligen. Außerdem befinden wir uns eher am Rand des Universums, das sich ständig ausdehnt.

5 2. er hat – ist immer wieder so 3. du liest – Gegenwart 4. du entdeckst – Zukünftiges
5. sie (die Geschichte) handelt – gilt immer 6. sie (seine Erzählungen) bringen – ist immer wieder so
7. wir wissen – gilt immer

Test 3

1

Verbform	Bestimmung der Verbform
2. sie spielt	**3. Person Singular Präsens von „spielen"**
3. schreibt	**Imperativ Plural von „schreiben"**
4. **ihr seid**	2. Person Plural Präsens von „sein"
5. ich gehe	**1. Person Singular Präsens von „gehen"**
6. **gib**	Imperativ Singular von „geben"
7. man liest	**3. Person Singular Präsens von „lesen"**
8. **sie kommen**	3. Person Plural Präsens von „kommen"
9. wir singen	**1. Person Plural Präsens von „singen"**
10. es regnet	**3. Person Singular Präsens von „regnen"**

2
1. Im Jahr 1492 entdeckt Kolumbus Amerika.
   Das Präsens drückt Vergangenes aus (historisches Präsens).
2. Amerika ist ein Kontinent.
   Das Präsens drückt aus, was immer so ist.
3. Nächstes Jahr fliegen wir nach Amerika.
   Das Präsens drückt Zukünftiges aus.
4. Der im November gewählte Präsident der USA tritt sein Amt im darauf folgenden Januar an.
   Das Präsens drückt aus, was immer wieder so ist.

(3) Meist soll damit **die Spannung** gesteigert werden.

(4) **Verrühre** 250 g Mehl mit vier Eiern, 3/8 l Milch und einer Prise zu einem glatten Teig; **lass(e)** diesen 30 Minuten quellen. **Erhitze** in der Pfanne etwas Butterschmalz, **bedecke** den Pfannenboden dünn mit Teig und **bewege** dabei die Pfanne so, dass der Teig gleichmäßig verlaufen kann. **Backe** zuerst die eine Seite lichtgelb an, **wende** dann den Pfannkuchen und **lass(e)** die andere Seite ebenfalls die Farbe annehmen.

(5) „**Rollt** die Pfannkuchen zusammen. **Serviert** sie sofort, oder **stellt** sie warm. **Stellt** Zucker, Apfelmus und Schokoladensoße bereit."

(6) **Infinitive:** legen, suchen, waschen, sein.
Imperative: belle, sitz, sitzt, sei, seid, suche, (ent)scheide, (ent)scheidet, wasche, schenkt, tobt, sei.

14 Futur

(1) Wie werden die Schüler in hundert Jahren wohl zur Schule gehen? Wird man sie auf motorisierten Skateboards herumsausen sehen? Werden sie mit einem Düsenrucksack heranschweben? Wird man sie mit Flugzeugen zur Schule bringen? Wird es statt Bürgersteigen Laufbänder geben? Oder werden die Eltern sie gar in die Schule beamen?

(2) Vielleicht **werden** aber die Schüler in hundert Jahren überhaupt nicht mehr in die Schule **gehen**, sondern die Schule **wird** sozusagen zu ihnen **kommen** – zum Beispiel über das Internet. Dann **wird** es nicht mehr nötig **sein**, sich Gedanken über den Schulweg zu machen. Ob sich die Schüler wohl darüber **freuen werden**?

(3)
1. Lisa wird ans Meer fahren.
2. Paul und Max werden eine Fahrradtour machen.
3. Simone wird ins Waldheim gehen.
4. Anne und Bastian werden zu Hause bleiben.
5. Lukas wird die Großeltern besuchen.

(4) **Futur:** wird ... aussehen, wird ... geben, gehen wird, wird ... haben, wird ... geben.
Präsens: betritt, öffnet, bestehen, verwandelt, wirst, stellst.

15 Präteritum

(1) Folgende Verben müssen markiert sein: war, wurden, krochen, zogen , wunderten, durften, sollten, merkten, war, gewöhnten, konnten, machte , war, schien, aßen, las , wirkte, erlebten, schliefen.

2 Schließlich **sah** man die Sonnenscheibe vollständig am Horizont. Das Rot am Himmel **war** ein faszinierendes Schauspiel der Natur. Herr Luchs **weckte** diejenigen, die noch **schliefen**, und wir **machten** uns langsam wieder auf den Heimweg.
In unserem Haus angekommen, **sanken** die meisten nur noch müde und erschöpft in ihre Betten.

3

Präsens	Präteritum	Grammatische Person
1. ihr kommt	**ihr kamt**	2. Person Plural
2. **du bist**	du warst	**2. Person Singular**
3. **ihr wollt**	ihr wolltet	**2. Person Plural**
4. ich bleibe	**ich blieb**	**1. Person Singular**
5. **wir fahren**	wir fuhren	**1. Person Plural**
6. sie spielen	**sie spielten**	**3. Person Plural**
7. es regnet	**es regnete**	**3. Person Singular**

4 Als wir neulich mit der Klasse im Theater (gewesen sind) **waren** und gerade eine ganz ruhige und sehr spannende Szene gespielt (worden ist) **wurde**, (hat) **klingelte** auf einmal ein Handy (geklingelt). Die ganze Spannung (ist) **war** wie weggeblasen (gewesen), überall (ist) **wurde** in Hosentaschen und Jacken gesucht (worden), aber die Quelle des Klingeltons (hat) **ließ** sich irgendwie nicht finden (lassen). Unser Lehrer (hat) **schaute** schon recht böse von einem Schüler zum anderen (geschaut), aber keiner (ist) **war** sich einer Schuld bewusst (gewesen). Nach einer Ewigkeit, so (ist) **kam** es mir zumindest **vor** (vorgekommen), (hat) **stieß** mich Felix, der neben mir (gesessen hat) **saß**, mit dem Ellenbogen in die Seite (gestoßen) und **zeigte** mit dem Finger auf die Bühne (gezeigt). Ganz im Hintergrund (hat) **sah** man da einen Schauspieler mit etwas in der Hand (gesehen) – eben mit einem Handy. „Da sind wir auf den Gag des Regisseurs ja ganz schön reingefallen", (habe) **flüsterte** ich Felix irgendwie erleichtert **zu** (zugeflüstert).

16 Schwache, starke und unregelmäßige Verben

1 **Schwaches Verb**: ich tauchte **Starkes Verb**: ich schwamm **Unregelmäßiges Verb**: ich dachte

2 **Schwache Verben**: fesseln, fügen, garen, legen, ragen, rasen, raufen, rügen, sagen, surfen.
Starke Verben: laufen, lesen, lügen, rufen, saufen.

3
1. Infinitiv: liefern (**schwaches Verb**).
2. Infinitiv: denken (**unregelmäßiges Verb**).
3. Infinitiv: treten (**starkes Verb**).
4. Infinitiv: können (**unregelmäßiges Verb**).

Lösungen

Test 4

(1)
1. wir liefen
2. du wirst haben
3. sie zielen
4. ihr jongliertet
5. er/sie wird sägen
6. lernt
7. sie werden tanzen
8. hilf
9. ich war

(2)
1. 3. Person Plural Präteritum von „mögen“
2. 3. Person Singular Futur von „kommen“
3. Imperativ Plural von „schweigen“
4. 3. Person Singular Präteritum von „klappen“
5. 2. Person Plural Präsens von „sein“
6. 1. Person Plural Präteritum von „lachen“
7. Imperativ Singular von „sein“
8. 2. Person Singular Präsens von „denken“
9. 3. Person Singular Präteritum von „wollen“
10. 2. Person Plural Futur von „staunen“
11. 2. Person Singular Präteritum von „sein“

(3) **Präsens:** „Ich komme, sehe und siege!“
Futur: „Ich werde kommen, (werde) sehen und (werde) siegen!“

(4) „Komm, sieh und siege!“

(5) „Kommt, seht und siegt!“

(6)

ich kam:	**kommen**	**unregelmäßiges Verb**
ich sah:	**sehen**	**starkes Verb**
ich siegte:	**siegen**	**schwaches Verb**

(7)

1. verlieren:	**starkes Verb**
2. erlauben:	**schwaches Verb**
3. riechen:	**starkes Verb**
4. bringen:	**unregelmäßiges Verb**
5. ergeben:	**starkes Verb**
6. nennen:	**unregelmäßiges Verb**

17 Perfekt

1 Ich **bin** ein Wortewurstler und Worteverdreher **gewesen**.
Ich **habe** die Geldgier eines Spitalbesitzers **entlarvt**.

2
1. Partizip ohne Vorsilbe: kommentiert, kapiert.
2. Partizip mit Vorsilbe *ge-*: geärgert, geschrieben, geklärt.
3. Partizip mit erhaltener Vorsilbe (wie beim Infinitiv): erklärt, erzählt, unterbrochen, entlarvt.
4. Partizip mit erhaltener Vorsilbe und eingefügter Silbe *-ge-*: vorgetäuscht, untergejubelt, eingeschlafen.

3 (...) **habe** mich beim Blumenschneiden **geschnitten** und **bin** zum Schuppen **gegangen**, um ein Pflaster zu holen. Vor dem Schuppen **bin** ich ins Stolpern **gekommen**, **habe** das Gleichgewicht **verloren** und **bin hingefallen**. Beim Aufstehen **habe** ich mir den Kopf am Türrahmen des Schuppens **gestoßen**. Etwas benommen **bin** ich **zurückgetaumelt** und dabei auf die Zinken des Rechens **getreten**, sodass mir dessen Stiel gegen den Hinterkopf **geschlagen ist**. Ich **habe** den Rechen voll Zorn **gepackt** und gegen die Wand des Schuppens **geschleudert**. Das **hat** den von meinem Sohn am Schuppen angebrachten Flaschenzug **gelöst**. Der mit Steinen gefüllte Eimer **ist** direkt auf meinem linken großen Zeh **gelandet**. Ich **habe** vor Schmerz **geschrien** und voller Wut mit dem rechten Fuß gegen den Eimer **getreten** ...

18 Plusquamperfekt

1 Die Vorvergangenheit (das Plusquamperfekt).

2

Es	war	gewesen.
	Personalform von *sein* im Präteritum	**Partizip Perfekt des Verbs (*sein*)**

3 Kolumbus **hatte** sich hervorragende Kenntnisse über Navigation und Geografie **erworben**. Er **hatte** eigene Berechnungen **angestellt**. Er **hatte** dabei die Kugelgestalt der Erde **berücksichtigt**. Er **war** sich sicher **gewesen**, einen kürzeren Weg nach Indien errechnet zu haben. Er **war** zum spanischen Hof **gereist**, um dort Unterstützung zu erhalten. Er **hatte** drei Schiffe mit gut neunzig Mann **ausgerüstet**. Er **hatte** eine Fahrtdauer von etwa drei Wochen **errechnet**.

4

2. sie werden landen (**Futur**)	**sie waren gelandet**
3. er erspäht (**Präsens**)	**er hatte erspäht**
4. ich berechnete (**Präteritum**)	**ich hatte berechnet**
5. ihr werdet sehen (**Futur**)	**ihr hattet gesehen**
6. wir haben gehofft (**Perfekt**)	**wir hatten gehofft**
7. ihr seid gestrandet (**Perfekt**)	**ihr wart gestrandet**
8. du zweifeltest (**Präteritum**)	**du hattest gezweifelt**

Lösungen

Test 5

1

Infinitiv	Partizip Perfekt	Imperativ Singular	Imperativ Plural
2. **raten**	geraten	**rate**	**ratet**
3. **kommen**	**gekommen**	**komme**	kommt
4. **holen**	**geholt**	hole	**holt**
5. messen	**gemessen**	**miss**	**messt**
6. **geben**	**gegeben**	gib	**gebt**
7. **sein**	**gewesen**	**sei**	seid
8. gehen	**gegangen**	**gehe**	**geht**
9. **essen**	**gegessen**	iss	**esst**
10. **versuchen**	versucht	**versuche**	**versucht**

2

Das Perfekt wird gebildet mit: 3. der Personalform des Hilfsverbs im Präsens (*haben/sein*) und dem Partizip Perfekt des Verbs.
Wir verwenden das Plusquamperfekt, wenn: 2. wir von der Vergangenheit aus weiter zurückblicken.

3

1. Ich hatte mich geirrt. (Plusquamperfekt)
2. Ich irrte mich. (Präteritum)
3. Ich habe mich geirrt. (Perfekt)
4. Ich irre mich. (Präsens)
5. Ich werde mich irren. (Futur)

1. Wir brachen schnell auf. (Präteritum)
2. Wir waren schnell aufgebrochen. (Plusquamperfekt)
3. Wir sind schnell aufgebrochen. (Perfekt)
4. Wir brechen schnell auf. (Präsens)
5. Wir werden schnell aufbrechen. (Futur)

4

Personalform	Bestimmung der Personalform
2. er hatte befohlen	**3. Person Singular Plusquamperfekt**
3. sie werden beweisen	**3. Person Plural Futur**
4. **sie suchten**	3. Person Plural Präteritum
5. ihr hattet gehabt	**2. Person Plural Plusquamperfekt**
6. **ihr wart gewesen**	2. Person Plural Plusquamperfekt
7. wir sind gewesen	**1. Person Plural Perfekt**
8. ich habe gemocht	**1. Person Singular Perfekt**
9. **wir mussten**	1. Person Plural Präteritum

19 Adjektive

1 1. Haar 2. Augen 3. Nase 4. Mund

2 Das Mädchen hat **braunes** Haar und **dunkelbraune** Augen. Seine Nase ist etwas **stupsig** . Sein **großer** Mund macht einen freundlichen Eindruck.

3 (1) vorsichtig (2) grabesstill (3) gleichmäßiges (4) grausige (5) alten (6) schnell (7) ordentlich (8) langsam (9) falsch

4

Positiv	Komparativ	Superlativ
2. groß	**größer**	**am größten**
3. **klug**	klüger	**am klügsten**
4. schnell	**schneller**	**am schnellsten**
5. **rasch**	**rascher**	am raschesten
6. **mutig**	mutiger	**am mutigsten**
7. langsam	**langsamer**	**am langsamsten**
8. arm	**ärmer**	**am ärmsten**

20 Nominalisierungen (Verben und Adjektive)

1

2. die Krankheit	**krank**	**Adjektiv**
3. die Eitelkeit	**eitel**	**Adjektiv**
4. die Wanderschaft	**wandern**	**Verb**
5. die Finsternis	**finster**	**Adjektiv**
6. der/die/das Schöne	**schön**	**Adjektiv**

2 Abkürzung (Verb), Ahnung (Verb), Bekenntnis (Verb), Freiheit (Adjektiv), Gefangenschaft (Adjektiv), Hinterlassenschaft (Verb), Höflichkeit (Adjektiv), Möglichkeit (Adjektiv), Wagnis (Verb)

3

2. antworten	**das** Antworten	die **Antwort**
3. laufen	**das Laufen**	**der Lauf**
4. rufen	**das Rufen**	**der Ruf**
5. losen	**das Losen**	**das Los**
6. küssen	**das Küssen**	**der Kuss**
7. werfen	**das Werfen**	**der Wurf**
8. schneiden	**das Schneiden**	**der Schnitt**

4 2. unbekannt: der Unbekannte, die Unbekannte, das Unbekannte
3. fremd: der Fremde, die Fremde, das Fremde
4. schön: der Schöne, die Schöne, das Schöne

Lösungen

21 Präpositionen

1 1. zwischen 2. in 3. Im 4. Auf 5. hinter

2 2. Nach 3. bis 4. In 5. um

3 2. Wo? **Unter** Deck.
3. Wann? **Ab** kommendem Samstag.
4. Wohin? **Zum** Kap der Guten Hoffnung.
5. Wann? **Gegen** 19.00 Uhr.
6. Wo? **In** der Schatzkiste.
7. Wohin? **Nach** Westen.

4 *Die falschen Präpositionen sind durchgestrichen, die richtigen daneben fett hervorgehoben.*
Da die Seeleute ~~auf~~ **zur** Orientierung mit dem Sextanten oft direkt ~~zwischen~~ **in** die Sonne schauten, erblindete so auch mancher Pirat und schützte ~~auf~~ **mit** dieser Klappe tatsächlich sein geschädigtes Auge. ~~Bis~~ **Auf** einem Schiff allerdings gibt es oft erhebliche Beleuchtungsunterschiede ~~auf~~ **zwischen** der Helligkeit ~~zum~~ **in** praller Sonne ~~neben~~ **über/an** Deck und der Dunkelheit ~~nach~~ **unter** Deck ~~bis~~ **in** den Kajüten der Besatzung. Deshalb trugen viele Seeleute Klappen ~~vom~~ **auf** ihren Augen, damit sich das Auge – auch ~~bis~~ **in** brenzliger Situation – schneller ~~auf~~ **an** die Dunkelheit gewöhnen konnte.

22 Präpositionen und Kasus

1 2. durch **den Fluss** – **Akkusativ**
3. wegen **des Regens** – **Genitiv**
4. abseits **des Feuers** – **Genitiv**
5. für **die Männer** - **Akkusativ**
6. aus **den Wäldern** – **Dativ**
7. auf **dem Berg** – **Dativ**

2 2. Zuerst schaue ich **durch den ganzen Raum**. Ich schaue zuerst **durch den ganzen Raum.** (**Akkusativ**)
3. Die Schultasche liegt **unfern des Schreibtisches. Unfern des Schreibtisches** liegt die Schultasche. (**Genitiv**)
4. Das Englischbuch klemmt **zwischen der Wand und dem Klavier. Zwischen der Wand und dem Klavier** klemmt das Englischbuch. (**Dativ**)
5. Das Haus verlasse ich **trotz des Suchens** rechtzeitig. **Trotz des Suchens** verlasse ich das Haus rechtzeitig. Ich verlasse das Haus **trotz des Suchens** rechtzeitig**.** (**Genitiv**)

3 2. **„Wohin?“ (Akkusativ):** Sie legten den Teppich auf **den Boden.**
3. **„Wo?“ (Dativ):** Er versteckt sich hinter **der Tür.**
4. **„Wohin?“ (Akkusativ):** Seine Blumen stellte er hinter **die Tür.**
5. **„Wohin?“ (Akkusativ):** Die Getränke bringt er in **den Keller.**
6. **„Wo? (Dativ):** Die Getränke stehen in **dem Keller.**

Test 6

1

1. Max: „Mein Handy ist viel **kleiner**.“
   Benedikt: „Mein Handy ist allerdings am **kleinsten**.“
2. Max: „Mein Fahrrad ist viel **schneller**.“
   Benedikt: „Mein Fahrrad ist allerdings am **schnellsten**.“
3. Max: „Mein Schulweg ist viel **kürzer**.“
   Benedikt: „Mein Schulweg ist allerdings am **kürzesten**.“
4. Max: „Mein mp3-Player klingt viel **besser**.“
   Benedikt: „Mein mp3-Player ist klingt am **besten**.“
5. Max: „Mein Vater verdient viel **mehr**.“
   Benedikt: „Mein Vater verdient allerdings am **meisten**.“

2

1. zeugen: Zeugung, Zeugnis
2. schön: Schönheit
3. eitel: Eitelkeit
4. hinterlassen: Hinterlassenschaft
5. billigen: Billigung
7. rein: Reinheit
6. faulen: Fäulnis
8. reinigen: Reinigung
9. befestigen: Befestigung
10. ewig: Ewigkeit
11. unendlich: Unendlichkeit
12. gefangen: Gefangenschaft, Gefängnis
13. finster: Finsternis

3

1. ☹ Präpositionen kennzeichnen **Eigenschaften von Nomen**. Falsch: Dies leisten Adjektive. Eigenschaften von Präpositionen siehe nächste Ankreuzmöglichkeit.
2. ✗ Präpositionen können zeitliche und räumliche Verhältnisse angeben.
3. ☹ Präpositionen können **immer** mehrere Kasus regieren. Falsch: Manche Präpositionen regieren häufig nur einen Kasus.
4. ☹ Präpositionen bilden mit Nomen **niemals** eine Einheit. Falsch: „In dem Haus“ ist eine Einheit: Präpositionalgefüge.
5. ☹ *Auf*, *unter*, *neben*, *bei* und *genau* sind Präpositionen. Falsch: *Genau* ist ein Adjektiv.

4

unter *neben* *durch* *gegen*

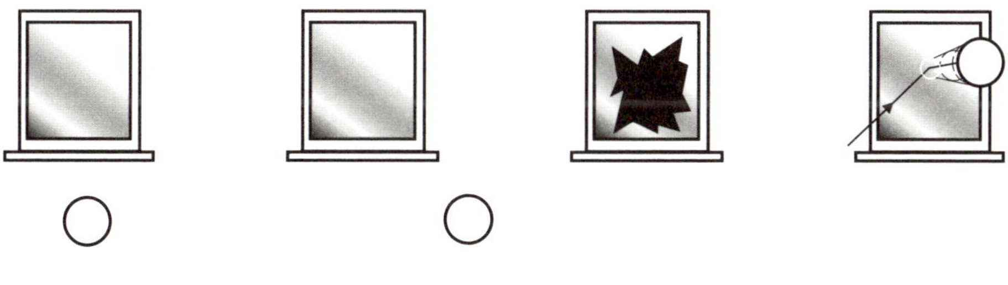

5
1. **Im** Kühlschrank lagert unser Käse. Unser Käse lagert **im** Kühlschrank.
2. **Im** Winter bauen wir Schneemänner. Schneemänner bauen wir **im** Winter.
3. **Um/gegen** Mitternacht erwachen die Geister. Die Geister erwachen **um/gegen** Mitternacht.
4. Wir spazieren **um** das Haus herum. **Um** das Haus spazieren wir herum.
5. Eva stürzt **gegen** die Wand. **Gegen** die Wand stürzt Eva.
6. **Gegen/um** sieben Uhr geht die Sonne auf. Die Sonne geht **gegen/um** sieben Uhr auf.

23 Satzarten

1

Aussagesatz	Aufforderungssatz	Fragesatz	Ausrufesatz
4, 7	3, 6	2, 5	1, 8

2
(1) Oh nein, die Mathearbeit! **Personalform des Verbs fehlt.**
(2) **Hat** jemand meinen Taschenrechner gesehen?
(3) **Gib** mir bitte mal die Milch!
(4) Heute **hat** meine Freundin Mirja Geburtstag.
(5) Was **schenkst** du ihr denn?
(6) **Nimm** den Taschenrechner aus meinem Arbeitszimmer!
(7) Ich **komme** heute etwas später nach Hause.
(8) Was für ein leckerer Kaffee! **Personalform des Verbs fehlt.**

3
2. Was für ein Tag**!** (**Ausrufesatz**)
3. Hat es schon zum Unterricht geläutet**?** (**Fragesatz**)
4. Pfui Spinne, Mathe**!** (**Ausrufesatz**)
5. Jeden Montag haben wir Sport in den ersten beiden Stunden**.** (**Aussagesatz**)
6. So ein Mistwetter**!** (**Ausrufesatz**)

4
2. Warum lispeln viele Schlangen? (**Fragesatz**)
3. Beine können bei Schlangen nicht einschlafen. (**Aussagesatz**)
4. Stell dich gefälligst hinten an! (**Aufforderungssatz**)
5. Wie giftig ist eigentlich mein Gift? (**Fragesatz**)
6. Ich spreche mit gespaltener Zunge. (**Aussagesatz**)
7. Autsch, ich habe mir auf die Zunge gebissen! (**Ausrufesatz**)
8. Lass mal deine Klappern hören! (**Aufforderungssatz**)
9. Warum haben Schlangenbeschwörer immer so einen schlechten Atem? (**Fragesatz**)

5
Im Zoo ist der letzte Gorilla gestorben**.** (**Aussagesatz**) Ein Sportstudent soll seine Rolle übernehmen**.** (**Aussagesatz**) Der Zoodirektor fragt: „Können Sie alles, was ein Gorilla kann**?**" (**Fragesatz**) Der Student: „Natürlich**!** (**Ausrufesatz**) Geben Sie mir das Kostüm**!**" (**Aufforderungssatz**) Der Student brüllt, klettert, hängt sich an ein Seil und schwingt hin und her**.** (**Aussagesatz**) Plötzlich rutscht er ab und landet im Löwenkäfig**.** (**Aussagesatz**) „Hilfe, Hilfe**!**" (**Ausrufesatz**), schreit der Student. Da flüstert ihm der Löwe zu: „Sei bloß ruhig**!** (**Aufforderungssatz**) Sonst sind wir beide unseren Job los**.**" (**Aussagesatz**)

24 Satzglieder (Subjekt, Prädikat, Objekt)

1 **Objekt**
(Satzergänzung)
1. Musik (Akkusativobjekt)
2. die Zeitung (Akkusativobjekt)
3. das Essen (Akkusativobjekt)
4. meinem Vater (Dativobjekt)
5. frischen Löwenzahn (Akkusativobjekt)

2
2. **Architektinnen** planen **Häuser**.
3. **Lehrer** unterrichten **Schüler**.
4. **Reporterinnen** verfassen **Zeitungsartikel**.
5. **Ärzte** heilen **Menschen**.
6. **Piloten** fliegen **Flugzeuge**.
7. **Gärtner** pflanzen **Blumen**.

3
1. Fahrrad (**Akkusativobjekt**) fährt (**Prädikat**) Fred (**Subjekt**).
2. Ich (**Subjekt**) besitze (**Prädikat**) einen MP3-Player (**Akkusativobjekt**).
3. Der Mutter (**Dativobjekt**) schreibt (**Prädikat**) der Vater (**Subjekt**).
4. Ich (**Subjekt**) helfe (**Prädikat**) dir (**Dativobjekt**).
5. Der Zauberer (**Subjekt**) verzaubert (**Prädikat**) Zauderer (**Akkusativobjekt**).

25 Satzglieder erkennen (Umstell- und Ersatzprobe)

1

Den schulnahen Wald	durchsucht	unsere Bande	nach einem perfekten Geheimversteck.
Objekt	Prädikat	Subjekt	Präpositionalobjekt

2

Sie	durchsucht	ihn	danach.
Subjekt	Prädikat	Akkusativobjekt	Präpositionalobjekt

3 a) Das Geheimversteck (**Subjekt**) verbirgt (**Prädikat**) den Agenten (**Akkusativobjekt**) vor feindlichen Spionen (**Präpositionalobjekt**).

Umstellproben

Es sind mehrere sinnvolle Umstellungen möglich. Zwei von diesen solltest du durchgeführt haben.

- Den Agenten (Akkusativobjekt) verbirgt (Prädikat) das Geheimversteck (Subjekt) vor feindlichen Spionen (Präpositionalobjekt).
- Den Agenten (Akkusativobjekt) verbirgt (Prädikat) vor feindlichen Spionen (Präpositionalobjekt) das Geheimversteck (Subjekt).
- Vor feindlichen Spionen (Präpositionalobjekt) verbirgt (Prädikat) das Geheimversteck (Subjekt) den Agenten (Akkusativobjekt).
- Vor feindlichen Spionen (Präpositionalobjekt) verbirgt (Prädikat) den Agenten (Akkusativobjekt) das Geheimversteck (Subjekt).

b) Meine tolle neue Minikamera (**Subjekt**) schießt (**Prädikat**) wichtige Beweisfotos (**Akkusativobjekt**) für mich (**Präpositionalobjekt**).

Umstellproben

Wieder sind mehrere Umstellungen möglich. Zwei der folgenden solltest du durchgeführt haben.

- Für mich (Präpositionalobjekt) schießt (Prädikat) meine tolle neue Minikamera (Subjekt) wichtige Beweisfotos (Akkusativobjekt).
- Für mich (Präpositionalobjekt) schießt (Prädikat) wichtige Beweisfotos (Akkusativobjekt) meine tolle neue Minikamera (Subjekt).
- Wichtige Beweisfotos (Akkusativobjekt) schießt (Prädikat) meine tolle neue Minikamera (Subjekt) für mich (Präpositionalobjekt).
- Wichtige Beweisfotos (Akkusativobjekt) schießt (Prädikat) für mich (Präpositionalobjekt) meine tolle neue Minikamera (Subjekt).

4

Der schwarze Kugelschreiber	enthielt	einen schussbereiten Giftpfeil.
Er	enthielt	ihn.
Subjekt	Prädikat	Präpositionalobjekt

5

Die stark vergrößernde Lupe	hilft	dem Agenten	bei der oft aufwändigen Spurensuche.
Sie	hilft	ihm	dabei.
Subjekt	Prädikat	Dativobjekt	Präpositionalobjekt

Test 7

1

1. ✗ Am Ende eines Aussagesatzes steht ein Punkt (.), und die Personalform des Verbs steht an zweiter Stelle des Satzes.
2. ☹ Am Ende eines Aufforderungssatzes steht meistens ein Ausrufezeichen (!), und die Personalform des Verbs steht an **letzter** Stelle des Satzes. Falsch: Sie steht an erster Stelle des Satzes!
3. ✗ Am Ende eines Fragesatzes steht ein Fragezeichen (?). Beginnt die Frage mit einem Fragewort (W-Wort), steht die Personalform des Verbs an zweiter Stelle.
4. ☹ Geht es in einem Fragesatz um eine Entscheidungsfrage, die mit „Ja" oder „Nein" beantwortet wird, steht die Personalform des Verbs an **zweiter** Stelle. Falsch: Sie steht an erster Stelle des Satzes!
5. ☹ Am Ende eines Ausrufesatzes steht ein Ausrufezeichen (!). Die Personalform des Verbs steht **immer an erster Stelle.** Falsch: Häufig beginnt ein Ausrufesatz mit einem Fragewort (W-Wort), und die Personalform des Verbs fehlt.

2

1. Ausrufesatz 2. Aufforderungssatz 3. Fragesatz 4. Aussagesatz 5. Fragesatz 6. Ausrufesatz 7. Aufforderungssatz

3

Das Prädikat – Satzaussage – *Was tut jemand?*
Das Subjekt – Satzgegenstand – *Wer oder was tut etwas?*
Dativ- oder Akkusativobjekte – Satzergänzungen – *Wem?* oder *Wen oder was?*

4 Umstellungen:
Der Hund (Subjekt) beißt **den Postboten** (Akkusativobjekt).
Den Brief (Akkusativobjekt) schluckt **der Briefkasten** (Subjekt).

5

1. Den Brief	öffnet	der Empfänger.
Ihn	öffnet	er.
Akkusativobjekt	Prädikat	Subjekt
2. Der Briefinhalt	erfreut	den Empfänger.
Er	erfreut	ihn.
Subjekt	Prädikat	Akkusativobjekt

6

2. Wem folgen Bettina und Maria? Ivan und Malina (=Dativobjekt).
3. Wen oder was schreiben die Schüler? Einen Brief (=Akkusativobjekt).
4. Wer oder was vertreibt die Vögel? Die Vogelscheuche (=Subjekt).

7

1. Vater und Mutter (**Subjekt**) rufen (**Prädikat**) Sohn und Tochter (**Dativobjekt**).
2. Sie (**Subjekt**) entdecken (**Prädikat**) ihre Weihnachtsgeschenke (**Akkusativobjekt**).
3. Ein Handy (**Akkusativobjekt**) erhält (**Prädikat**) die Tochter (**Subjekt**).
4. Der Sohn (**Subjekt**) bekommt (**Prädikat**) einen Fußball (**Akkusativobjekt**).
5. Den Eltern (**Dativobjekt**) danken (**Prädikat**) die Geschwister (**Subjekt**).

26 Prädikat

1

1. ... sein 25-jähriges Bestehen der Bahnhof Gleisheim am 15. November.
2. Jubiläumszug: Der Bahnhof Gleisheim feiert am 15. November mit großem Feuerwerk sein 25-jähriges Bestehen.

2 Er bleibt stets an **zweiter** Position.

3 Wir stellen uns vor.
Es werden diesmal **vier** Waggons benötigt.

4 2. bewältigt 3. passieren 4. atmen 5. nimmt 6. kostete 7. unterhalten 8. misst 9. erzielte 10. ist 11. befährt

5

2. Die Reisenden **warten** die Lautsprecherdurchsagen **ab**.
3. Die Zugführerin **stellt** den Reisenden ihr Zugbegleiterteam **vor**.
4. Die Zugbegleiterin **bietet** Getränke und Snacks während der Reise **an**.
5. Der Bahnhofsvorsteher **sagt** die verspäteten Züge über die Lautsprecher **an**.

27 Prädikat (mehrteilig)

1 Der Zauberer **hat eine Frau** in zwei Teile zersägt.

2

Der Zauberer **hat** eine Frau **zersägt.**

Der Zauberer **hat** eine Frau in zwei Teile **zersägt.**

Der Zauberer **hat** unglaublicherweise eine Frau in zwei Teile **zersägt.**

Der Zauberer **hat** unglaublicherweise eine Frau mit einer riesigen Säge in zwei Teile **zersägt.**

3

2. Jetzt **ließ** er aus dem Nichts ein großes Tuch in seiner Hand **erscheinen.**
3. Er **musste** das große Tuch langsam in den recht kleinen Zylinder **stopfen.**
4. Er **hat** den Zylinder **gedreht,** und heraus **sind** vier schneeweiße Tauben **geflogen.**

4

1. haben (...) erhalten
2. handle
3. habe (...) formatiert
4. werden (...) verstellt
5. hat (...) zerkratzt
6. berichten
7. empfehlen

Mehrteiliges Prädikat: 1. Satz, 3. Satz, 4. Satz, 5. Satz.
Einteiliges Prädikat: 2. Satz, 6. Satz, 7. Satz.

28 Subjekt

1

1. Sherlock Holmes und Dr. Watson.
2. Beide.
3. Sherlock Holmes.
4. Ich.
5. Intelligentes Leben.
6. Man.

Zum Zelten gehen Sherlock Holmes und Dr. Watson hinaus in die Natur. Nach einem gemütlichen Abend vor dem Lagerfeuer beziehen beide ihr Zelt und gehen müde zu Bett. Mitten in der Nacht jedoch weckt Sherlock Holmes Dr. Watson. In seiner betont ruhigen Art fragt er ihn: „Was siehst du?" Darauf antwortet ihm Dr. Watson: „Ich sehe Sterne am Himmel" „Und was hat das zu bedeuten?", fragt Sherlock Holmes weiter. Daraufhin antwortet Dr. Watson nach langem Nachdenken: „Dort oben im unendlichen Universum könnte intelligentes Leben zu finden sein!" „Quatsch! Man hat uns gerade das Zelt geklaut!"

2

2. Haar
3. Knusperhäuschen
4. Max und Moritz
5. tapfere Schneiderlein
6. Frau Holle

T	K	N	U	S	P	E	R	H
A	F	R	A	U	H			Ä
P		M			O	W		U
F		A			L	O		S
E		X			L	L		C
R		U			E	F		H
E		N	N	R				E
S		D		H	A	A	R	N
C		M	O	R	I	T	Z	I
H	N	E	I	D	E	R	L	E

3

1. **Wer** spann für die Müllerstochter Stroh zu Gold? Rumpelstilzchen.
2. **Was** diente den sieben Zwergen als Trauerort für ihr geliebtes Schneewittchen? Ein Glassarg.
3. **Wer** verschlang nach der Großmutter das Rotkäppchen? Der böse Wolf.
4. **Wer** wird immer wieder von einem Zwerg beschimpft? Schneeweißchen und Rosenrot.

Test 8

1

1. ✗ Das Prädikat steht in Aussagesätzen immer an zweiter Satzgliedstelle.
2. ☹ Das Prädikat besteht aus der Personalform des Verbs **und einem Pronomen**. Falsch: Pronomen gehören nicht zum Prädikat.
3. ✗ Das Prädikat sagt aus, was jemand tut oder was geschieht.
4. ☹ Zusammengesetzte Verben sind innerhalb eines Satzes **niemals trennbar**. Falsch: Innerhalb eines Satzes sind diese sehr wohl trennbar: Ich gebe auf. (Verb: aufgeben)
5. ✗ Die Verbklammer wird von der Personalform des Verbs und der infiniten Form des Verbs gebildet.
6. ☹ Das Prädikat ist der **Satzgegenstand**. Falsch: Es ist die Satzaussage.
7. ☹ Das Subjekt ist die **Satzaussage**. Falsch: Es ist der Satzgegenstand.
8. ✗ Das Subjekt und das Prädikat bilden den Satzkern.
9. ☹ Das Subjekt steht immer im Nominativ und antwortet deshalb **immer auf die Frage:** *Wen oder was?* Falsch: Es beantwortet die Frage: *Wer oder was?*
10. ☹ Das Subjekt besteht immer **nur aus einem Wort**. Falsch: Es kann aus Wortgruppen bestehen, z. B. das grüne Haus.
11. ✗ Das Subjekt stimmt in Person und Numerus immer mit der Personalform des Verbs überein.

2

1. bedeckt 2. spiegelt 3. zeichnen 4. surren 5. mildert

3

2. Ich **gebe** niemals **auf.** (**aufgeben**)
3. Mit einer gewaltigen Schere **schnitt** mir der Friseur mein geliebtes Haar **ab.** (**abschneiden**)
4. Wir **kamen** nach einer anstrengenden Reise endlich am Zielort **an.** (**ankommen)**
5. Für die Passbilder **warf** ich mehrere Münzen **ein.** (**einwerfen**)

4
1. Gestern **sind** wir leider zu spät zum Unterricht **gekommen**.
2. Das Klingeln **haben** wir ohne böse Absicht **überhört**.
3. Dennoch **hat** uns der Lehrer ins Klassenbuch **eingetragen**.

5
1. Wer ist mit den Rädern unterwegs? Aaron und Daniel.
2. Wer unterbrach die Radtour? Ein Nagel.
3. Was war für die beiden nicht einfach? Die Pannensuche.
4. Was konnte mit Flickzeug verschlossen werden? Das Loch.
5. Wer fuhr nach einer kurzen Erholungspause nach Hause? Beide.

6
1. ✖ Zu seinem Geburtstag schenkt <u>Marvins Familie</u> gerne etwas Spannendes.
2. ☹ <u>Das neue Computerspiel</u> gefiel Marvin sehr gut.
3. ✖ Ihm gefällt <u>die Option des Mehrspieler-Modus</u> sehr gut.
4. ☹ Schon nach kurzer Zeit konnte <u>er</u> sich in der Highscore-Tabelle verewigen.

29 Akkusativobjekt

1
„Häute als erstes **500 g Regenwürmer**. Danach musst du **13 Löwenmähnenhaare** zupfen. Mit Geisterstaub verrühre jetzt bitte **200 ml Lamaspucke**. **2 Fledermauszähne** sollten dann von dir zermahlen und **1 Haifischzunge** zerrieben werden. Anschließend paniere mit Vampirmehl **4 Krötenaugen**. Zum Schluss schäume bitte noch **500 ml Krokodilstränen** auf. So, alles in den Kessel, und bring mir zum Umrühren noch **einen Elefantenstoßzahn**!"

2
2. Entfernen Sie mit einer Raspel aus Piranhazähnen **die hochgiftige Rinde des Baumes**.
   Wen oder was entfernen Sie mit einer Raspel aus Piranhazähnen? Die hochgiftige Rinde des Baumes.
3. **Den Kern des Stammes** arbeiten Sie dann mittels Riesenkorkenzieher heraus.
   Wen oder was arbeiten Sie dann mittels Riesenkorkenzieher heraus? Den Kern des Stammes.
4. Das Sägefischsägeblatt sollte **diesen** jetzt auf die benötigte Länge zuschneiden.
   Wen oder was sollte das Sägefischsägeblatt jetzt auf die benötigte Länge zuschneiden? Diesen.
5. Befestigen Sie an diesem Stiel jetzt **die feinen Gruselbeerstrauchästchen** mit einer Fledermauslederkordel.
   Wen oder was befestigen Sie an diesem Stiel jetzt mit einer Fledermauslederkordel? Die feinen Gruselbeerstrauchästchen.
   Wen oder was sprechen Sie dreimal? Den Zauberspruch „Fliegussa!"
6. Während des ersten Probefluges sollten Sie **einen Fallschirm** tragen. Wen oder was sollten Sie während des ersten Probefluges tragen? Einen Fallschirm.

3
eine Glückseligkeit, die Handbedienung
1. die Ware 2. Stöffel A, Stöffel B 3. Beleuchtung, Steckerstrom 4. Glühbirnenschale, Ihre Finger

30 Dativ- und Genitivobjekt

1
2. **dem Burgfräulein** (Dativobjekt)
3. **dem Knappen** (Dativobjekt)
4. **dem Lanzenmacher** (Dativobjekt)
5. **dem Räuber** (Dativobjekt)
6. **dem König** (Dativobjekt)
7. **dem Pferdedoktor** (Dativobjekt)
8. **meiner verstorbenen Großmutter** (Genitivobjekt)
9. **der Drachensache** (Genitivobjekt)
10. **eines Besseren** (Genitivobjekt)

2
2. Wessen harrt der Ritter mit großer Geduld? Des Turnierbeginns.
3. Wem antwortet der Angeklagte nur mit großer Mühe? Dem König.
4. Wem gefällt das hübsche Burgfräulein unglaublich gut? Den beiden Hofnarren.
5. Wem gratuliert die Ritterschaft nach dem Kampf? Der einzigen Ritterin des Königs.
6. Wessen bemächtigt sich der Ritter nach dem Turniersieg? Des Pokals und des Geldes.

3
Dativobjekte: jeglicher Gefahr, seinem Vater, dem Vater, dem Vater, seinem Sohn, Ritter Trautsichwas, ihm, dem Kleinen, unsichtbaren Luftgegnern, dem Ritter Trautsichwas.
Genitivobjekte: großen Mutes, dieser Sorgen, seines Mantels.

Test 9

1
1. ☒ leihen
3. ☒ schlafen
4. ☒ mitteilen
5. ☒ erklären
7. ☒ lieben
9. ☒ senden
10. ☒ entwenden
12. ☒ überreichen
15. ☒ loben
16. ☒ abkaufen
17. ☒ rauben
19. ☒ essen
20. ☒ beurlauben

2
Folgende Akkusativobjekte müssen in den Sätzen unterstrichen sein:
1. mich 2. viele tolle Geschenke 3. meine Lieblingstorte 4. Sehr viel Spaß 5. die Anstrengung des Tages

3
1. **Dem Schulleiter** übergibt der Postbote den Brief.
2. **Mir** ist Mathe völlig unwichtig.
3. **Marie und Julia** gelang der Salto nach langem Üben.
4. **Unseren Nachbarn** liefert der Pizzaservice niemals Ware.

4
1. Wessen nimmt sich die Hündin an? Des Welpen.
2. Wessen rühmt sich der Klassenclown immer wieder? Seiner Heldentaten.
3. Wessen schäme ich mich sehr? Meines letzten Streiches.
4. Wessen bedient sich der Sportlehrer? Seiner Trillerpfeife.

5 1. Ich komme **den Forderungen der Lehrer** (**Dativobjekt**) meist nur ungern nach.
2. Wütend zerreißt Wolfgang **seinen Vokabeltest** (**Akkusativobjekt**) in tausend Teile.
3. Aufgrund der Kälte entledigt sich Michael **seiner regennassen Kleidung** (**Genitivobjekt**).
4. Die fröhliche Tochter dankt **ihrer Mutter** (**Dativobjekt**) von ganzem Herzen.
5. Langsam buchstabiere ich der Sprechstundenhilfe des Zahnarztes **meinen Namen** (**Akkusativobjekt**).

31 Präpositionalobjekte

1 1. **Um wen oder was** streite dich bitte nicht? Um meine Eier.
2. **Vor wem** schütze bitte meinen Wollpullover? Vor Regen und Schmutz.
3. **Mit wem** schwimme bitte nicht mehr in meinem Teich? Mit mir.
4. **Auf wen oder was** stell dich bitte ein? Auf mein Gemeckere.

2 Präpositionalobjekte: 1. vor dem Winter 2. auf baldigen Regen
3. an die Angel 4. am Eise

3 2. a) Stiere achten **auf rote Tücher**.
b) **Auf rote Tücher** achten Stiere.
3. a) Hühner streiten sich **um einen Platz auf der Stange**.
b) **Um einen Platz auf der Stange** streiten sich Hühner.
4. a) Der Hahn urteilt **über Misthaufenqualität**.
b) **Über Misthaufenqualität** urteilt der Hahn.
5. a) Schafe sollten sich **vor wilden Tieren** hüten.
b) **Vor wilden Tieren** sollten sich Schafe hüten.

32 Objekte unterscheiden und ermitteln

1 Das Lösungswort lautet: **Delfin**.

1. **Dem Sperbergeier** (Dativobjekt)
2. **Das dichteste Fell aller Tiere** (Akkusativobjekt)
3. **jedem anderen Landtier** (Dativobjekt)
4. **Für das langsamste Säugetier** (Präpositionalobjekt)
5. **zur längsten Schlange der Welt** (Präpositionalobjekt)
6. **des Titels „Höchstspringer"** (Genitivobjekt).

2 3. Rekord: Wem läuft der Gepard mit einer Geschwindigkeit von 105 km/h davon? Oder: Wem läuft mit einer Geschwindigkeit von 105 km/h der Gepard davon?
5. Rekord: Zu wem (oder was) macht die Körperlänge von über 10 Metern die Anakonda? Oder: Zu wem (oder was) macht die Anakonda die Körperlänge von über 10 Metern?
6. Rekord: Wessen rühmt sich der Puma mit einer Sprunghöhe von bis zu 5 Metern? Oder: Wessen rühmt sich mit einer Sprunghöhe von bis zu 5 Metern der Puma?

3 2. **Ihre Reviere** (Akkusativobjekt) **verteidigen** (Prädikat) **Tiger** (Subjekt) **gegen Artgenossen** (Präpositionalobjekt).
3. **Auf eine Mahlzeit pro Woche** (Präpositionalobjekt) **beschränken sich** (Prädikat) **Krokodile** (Subjekt).
4. **Schlangen** (Subjekt) **entledigen sich** (Prädikat) **ihrer Haut** (Genitivobjekt).
5. **Vögel** (Subjekt) **bauen** (Prädikat) **ihre Nester** (Akkusativobjekt) **aus Ästen und Gräsern** (Präpositionalobjekt).

4 Folgende Objekte müssen im Text unterstrichen sein:
ums Leben (Präpositionalobjekt),
kein einziges totes Wildtier (Akkusativobjekt),
einen berühmten Nationalpark (Akkusativobjekt),
Elefanten und Leoparden (Akkusativobjekt),
Den Biologen (Dativobjekt),
Erstaunen (Akkusativobjekt),
nach Erklärungen für dieses Phänomen (Präpositionalobjekte),
ihres sechsten Sinnes (Genitivobjekt),
Ähnliches (Akkusativobjekt),
ein unruhiges Verhalten (Akkusativobjekt),
elektromagnetischen Wellen (Dativobjekt),
die Ursache (Akkusativobjekt),
für diese Verhaltensweisen (Präpositionalobjekt).

Test 10

1 1. **Über** wen oder was lachen wir in der großen Pause? **Über** unsere Lehrer.
2. **Mit** wem spielst du häufiger nach der Schule? **Mit** meiner Freundin Maike.
3. **Um** wen oder was bettele ich manchmal? **Um** das Anschauen meiner Lieblingsserie.
4. **Nach** wem schaue ich an den Wochenenden? **Nach** den Hunden unseres Nachbarn.
5. **Vor** wem erschrickt deine Mutter schreiend? **Vor** kleinen Mäusen.
6. **Für** wen oder was haften Eltern auf dieser Baustelle? **Für** ihre Kinder.

2 1. Ich bleibe **bei meinem Entschluss.**
2. Ich fische **nach großen Haien.**
3. Ich erkranke **an starker Grippe.**
4. Ich stöhne **über zu viele Hausaufgaben.**
5. Ich frage **nach der Uhrzeit.**

3 Präpositionalobjekte: 1. um jeden Ball 2. an ihren neuen Klassenraum 3. Vor langweiligen Hausaufgaben 4. nach dem sehr auffällig gekleideten Täter 5. für das Leben und den Schutz der Delfine

4) **Akkusativobjekt**: 3. eine Brezel 6. mein Geburtstagspäckchen 7. den Stinkbombenstreich
Dativobjekt: 2. den schnellen Schritten seines Lehrers 3. mir 7. Julia 9. ihm
Genitivobjekt: 4. seines Amtes 8. des Fahrrads
Präpositionalobjekt: 1. zu mir 5. über die Schiedsrichterentscheidung 10. über meine fürchterliche Handschrift

5)
1. An jenem Morgen half der Pfadfinder **der älteren Dame** (**Dativobjekt**) über die Straße.
2. Mit einem lauten Knall zerbricht er **den trockenen Ast** (**Akkusativobjekt**) mit seinen Füßen.
3. Die Mannschaft findet sich immer noch nicht **mit der Niederlage** (**Präpositionalobjekt**) ab.
4. Nach kurzem Innehalten besann er sich schnell **eines Besseren** (**Genitivobjekt**).

DER RICHTIGE ÜBERBLICK IN DEUTSCH!

PONS RECHTSCHREIBUNG UND ZEICHENSETZUNG AUF EINEN BLICK
Alle wichtigen Regeln – einfach, verständlich, übersichtlich.

Die schnelle Hilfe für Rechtschreibung und Zeichensetzung. Mit oder ohne Komma? Groß- oder kleinschreiben? - schnelle Antworten auf komplexe Fragen. Mit knappen Erläuterungen und schematischen Übersichten findet man sich leicht zurecht. Typische Fehler werden erläutert und viele Tipps gegeben. Ideal für unterwegs. Aus strapazierfähigem, abwischbarem Material.
Format: DIN A4, laminiert, gelocht.
6 Seiten.

ISBN: 978-3-12-**561234**-1

PONS DEUTSCH 5. KLASSE AUF EINEN BLICK
Das Schuljahr im schnellen Überblick.

Grammatik, Sprechabsichten, Vokabular und Aussprache – das Wichtigste aus einem Schuljahr auf einen Blick. Für unterwegs, zu Hause und in der Schule. Mit hilfreichen Lern- und Elterntipps. Aus strapazierfähigem, abwischbarem Material mit praktischer seitlicher Lochung, passend für jeden Ordner. Für Schüler aller Schularten.
Format: DIN A4, laminiert, gelocht.
6 Seiten.

ISBN: 978-3-12-**560807**-8

PONS

www.pons.de